Virtuel, mon amour

Serge Tisseron

Virtuel, mon amour

Penser, aimer, souffrir à l'ère des nouvelles technologies

Albin Michel

Introduction

Beaucoup de nos contemporains se séduisent, se séparent et se mentent déjà autrement, dans des mondes qui ont pour nom Meetic, Facebook, eBay, *World of Warcraft* ou *Second Life*. À tel point qu'Internet ressemble moins à l'« intelligence collective » qu'on nous promettait il y a dix ans [1] qu'à un gigantesque nœud d'interconnexions, avec ses zones lumineuses et ses parties obscures, et même son inconscient. Les sites centrés sur le développement personnel côtoient ceux où on apprend à manipuler son voisin, tous les fantasmes sexuels imaginables sont représentés et les contenus juxtaposés sans autre hiérarchie que le nombre de fois où ils sont appelés par les internautes – c'est le fameux système Google. Même le plus insupportable y a sa place, comme des sites pédophiles que la police utilise pour attirer et repérer leurs utilisateurs. Et, bien sûr, cette interconnexion permanente des émotions, des rêveries et des fantasmes suscite de nouvelles façons d'être ensemble, d'aimer, d'échanger et de souffrir.

1. Lévy P., *L'Intelligence collective*, La Découverte, 1994.

Mais avant d'entrer dans l'intimité de ces nouvelles relations, nous commencerons par évoquer ce qui leur a ouvert la voie. Car si les fameuses technologies de l'information et de la communication (TIC) bouleversent chaque jour nos habitudes, nous étions préparés à ce nouveau monde de longue date. Par le téléphone d'abord, ce bon vieux téléphone que nous avons si bien intégré dans nos vies qu'il nous paraît naturel de nous parler sans nous voir. Par l'extraordinaire essor de la photographie ensuite, qui nous a fait accepter que des images sur lesquelles nous ne nous reconnaissons pas nous représentent, jusqu'à rendre notre identité flottante et multiple. Enfin, par notre chère télévision qui nous impose chaque jour des programmes où se mélangent si bien les documents et la fiction que nous renonçons souvent à distinguer les uns de l'autre…

Ces trois bouleversements ont eu des conséquences considérables dont nous ne nous rendons pas toujours compte. Des formes de liens s'effacent tandis que d'autres voient le jour, et des relations virtuelles se juxtaposent aux relations réelles, allant parfois jusqu'à se substituer à elles. Par exemple, je me sens seul, et j'ai soudain cent amis qui m'écoutent et avec lesquels j'échange de petits mots affectueux sur le Web. Ou bien je ne connais que quelques personnes dans mon quartier ou à mon travail et, grâce à Internet, je rencontre des écrivains et des artistes dont certains sont célèbres, des acteurs et des chanteurs, et je suis flatté quand ces gens acceptent de me parler. En contrepartie, bien sûr, il m'arrive d'être moins disponible à ceux avec lesquels je partage le même toit… Une formule prétend résumer cette situation : « Le lointain devient proche et le proche devient lointain. » Mais ce proche et ce lointain ne sont pas équivalents. Le proche qui s'éloigne est un proche que l'on peut toucher et où il est à tout moment possible de lever les quiproquos. Mais le lointain qui devient proche est bien différent... Notre seconde partie explorera toutes les facettes de ce nouvel « être ensemble ».

Enfin, dans une troisième partie, nous tenterons de comprendre ce qui incite un nombre croissant de nos contemporains à passer une partie de leur vie devant un petit écran. Car on peut « se scotcher » à Internet à tout âge, comme le montre le succès des sites de vente en ligne auprès des retraités. Qu'est-ce qui fait que quand nous y allons pour trois minutes, nous y restons facilement trois heures ? Comment un adolescent se transforme-t-il en pilote d'avion de chasse virtuel ? Pourquoi un père de famille jusque-là apparemment équilibré se passionne-t-il pour un élevage de cochons numériques au point d'y consacrer toutes ses soirées ? Pour le comprendre, nous nous intéresserons aux « avatars ». Ce mot, qui désigne dans la religion hindouiste les diverses incarnations sur terre du dieu Vishnou, sert de terme générique pour les figurines chargées de nous représenter sur nos écrans. L'avatar peut être réduit à une sorte de logo ou enrichi d'un grand nombre de détails personnels, mais, dans tous les cas, il est aussi indispensable pour entrer et interagir dans les espaces virtuels que notre carte bancaire pour retirer de l'argent à un distributeur ! Les plus connus sont les petits personnages de MSN qui permettent de repérer si notre interlocuteur est « présent » ou « absent », et les plus complexes les créatures fantastiques des jeux vidéo. Mais on peut considérer que les étoiles qui figurent chaque usager d'un site de vente en ligne comme eBay en font également partie.

Les avatars sont nos ambassadeurs dans les mondes virtuels et tout dépend de la place que nous leur accordons. Pour certains, ils ne sont qu'une clé pour accéder à ces mondes, mais pour d'autres, ils sont beaucoup plus : une jeune femme adepte de *Second Life* m'expliquait un jour que « les bulles la chatouillaient » quand elle plongeait son avatar dans un jacuzzi virtuel ! Tout dépend de notre capacité à nous projeter dans des marionnettes chargées de nous représenter. Le roman et le cinéma s'en étaient déjà fait l'écho : l'héroïne du film de Buñuel *La Vie secrète d'Archibald de la Cruz* pousse un cri quand le héros touche les seins du mannequin de cire grandeur nature qui la représente ! Les avatars, aujourd'hui, ont ce pouvoir de nous faire éprouver comme vraies non seulement des émotions, mais aussi des sensations.

Enfin, nous chercherons à comprendre ce qui passe lorsque certains de nos contemporains font de leur ordinateur un interlocuteur à part entière, au point d'en attendre la plupart des satisfactions d'une relation réelle.

Qu'on se réjouisse ou qu'on s'inquiète de ces bouleversements, ils montrent que nous sommes déjà entrés dans un monde où nous pensons différemment le corps, le désir, l'autre, et même la réalité…

I

Mon virtuel quotidien

C'est l'histoire d'un enfant qui se promène dans un bois et interpelle régulièrement le loup sur ses préparatifs. Il demande : « Loup, y es-tu ? Que fais-tu ? M'entends-tu ? » Et le loup répond en disant : « Je suis dans ma maison. Je mets mon caleçon, je mets mes chaussettes », etc. Ce jeu de questions-réponses informe l'enfant sur l'imminence de l'arrivée du loup : quand celui-ci met son caleçon, rien n'est à craindre car il commence juste de s'habiller ; mais quand il met son bonnet, mieux vaut fuir ! Cette comptine apprend évidemment au jeune enfant à nommer ses vêtements et à mémoriser les étapes de l'habillage. Mais elle le familiarise aussi avec le fait que celui que nous ne voyons pas – ici, le loup – peut penser à nous ! Car l'enfant serait bien ennuyé que le loup oublie de venir le manger ! Le moment où il surgit et crie : « Ahm » provoque d'ailleurs une jubilation intense chez le tout-petit.

N'est-ce pas la même chose avec notre portable ? Nous téléphonons à nos proches en leur demandant où ils sont et ce qu'ils font, un peu comme l'enfant demande au loup où il en est. Dans les deux cas, c'est pour nous assurer qu'ils ne nous oublient pas, car, sinon, nous nous retrouverions bien seuls ! Nous faisons mine de nous intéresser au fait que nos interlocuteurs montent dans le train ou en descendent, ou qu'ils sont au bord de la mer ou dans un café. Mais en vérité, la seule chose qui nous importe est de nous assurer qu'ils pensent à nous ! Avant même Internet, le téléphone mobile a fait de chacun le centre d'un petit monde sur lequel il règne et vers lequel il aimerait que tout converge.

Rappelons-nous. Il n'y a pas si longtemps, celui qui attendait des nouvelles d'un absent était soumis au rythme du passage du facteur. Guetter son arrivée, voire aller au-devant de lui, était la seule façon de soulager son impatience. Une fois parti le précieux messager, l'attente recommençait jusqu'à sa venue suivante, l'après-midi ou le lendemain selon qu'on habitait en ville ou à la campagne. Il y avait une ou deux distributions de courrier par jour. Celui qui attendait eût aimé qu'il y en eût cent.

Dans les années 1960, l'installation du téléphone a donné à l'attente un autre rythme et de nouvelles exigences. Rester proche du fameux poste et écourter toute autre conversation est devenu la règle. C'était l'époque où on pouvait s'empêcher d'aller aux toilettes de peur de rater un précieux rendez-vous [1]. Allongée sur son tapis, Petra von Kant, l'héroïne de Fassbinder, pleure à côté du téléphone silencieux sans oser s'en éloigner. C'était aussi l'époque où, dans les familles, chacun tentait d'allonger le fil pour

1. Barthes R., *Fragments d'un discours amoureux*, Seuil, « Tel quel », 1977.

emporter le précieux objet jusque dans sa chambre afin d'y trouver un peu d'intimité. C'est que téléphoner, alors, était considéré comme une activité intime. Il était aussi gênant à celui qui parlait d'être écouté qu'à celui qui passait par là de l'entendre.

Nos façons de téléphoner ont bien changé, mais une chose est restée la même : utiliser un téléphone est toujours un peu une façon de nier la séparation. Confronté à un enfant inquiet qui jouait sans cesse à manipuler une ficelle, le psychanalyste anglais Winnicott risquait une comparaison : « J'expliquai à la mère que son fils essayait de nier la séparation au moyen du jeu de la ficelle, de même qu'on la nie en recourant au téléphone[1]. » Mais pendant longtemps, le téléphone s'est révélé une bien mauvaise ficelle ! Il fallait garder l'oreille collée au combiné, et la voix de notre interlocuteur était souvent assourdie comme si elle sortait de dessous un masque. Cette voix déformée et accessible uniquement à partir d'un câble semblait dire : « Nous sommes bien loin l'un de l'autre. » Les technologies numériques n'ont pas seulement rendu la voix de nos interlocuteurs plus nette et donc plus présente. Elles ont aussi banalisé la possibilité de se parler à tout moment. Du même coup, nous ne savons jamais ce que notre interlocuteur est en train de faire quand nous lui parlons… Mais le vieux téléphone analogique avait déjà bouleversé notre rapport aux autres, à nous-mêmes et à l'espace, et rendu acceptables les changements de la culture numérique.

1. Winnicott D.W., *Jeu et réalité* (1971), Gallimard, 1975.

1

Des voix sans corps

Revenons à nos trois questions téléphoniques rituelles. Elles nous plongent dans un autre temps… et pas simplement à cause de leur résonance avec la comptine *Loup, y es-tu ?* Ces questions existent en effet pour l'enfant bien avant qu'il soit en âge de les chanter.

La première – « T'es où ? » – est celle qu'une mère pose à son bébé quand elle ne le voit plus. D'autres fois, elle sait où il se trouve mais, inquiète de ne plus l'entendre, elle l'appelle : « Tu fais quoi ? » Et plus tard, lorsqu'elle l'interrogera sur les manifestations grandissantes de son indépendance, elle lancera à travers la porte fermée de sa chambre : « T'es seul ? » Quant à l'enfant, il apprend vite à utiliser lui aussi ces trois formules. Sitôt en âge de parler, il demande à sa mère qu'il ne voit plus : « T'es où ? », « Tu fais quoi ? » et même, plus tard : « T'es seule ? »

Ainsi, chaque fois que nous énonçons ces trois questions, nous renouons sans même nous en apercevoir avec les grandes étapes qui ont rythmé notre séparation d'avec notre mère ou l'adulte en tenant lieu. Et, comme dans le cas de notre relation avec celle-ci, la réponse que nous redoutons le plus concerne évidemment la troisième : « T'es seul ? » Et si l'être cher était en train de faire avec quelqu'un d'autre ce que nous aimerions justement faire avec lui ? Quelle trahison ! Il ne s'agit pas forcément de rencontre sexuelle, mais d'un simple bonheur partagé, comme de boire un verre, de manger ou seulement de rire ensemble. C'est pourquoi nous répondons le plus souvent que nous sommes seuls. Comme notre interlocuteur a en général envie de nous croire, les choses en restent là. Cela ne le rassure pas forcément, mais évite bien des questions gênantes... Car comment empêcher quelqu'un qui est loin de faire ce qui lui plaît ?

« Est-ce que tu m'écoutes ? »

Une quatrième question s'ajoute souvent aux trois précédentes : « Est-ce que tu m'entends ? » Les problèmes de transmission justifient en général cette précaution, surtout si nous sommes en train de nous déplacer. Mais la vraie raison est différente. Au moment où nous disons : « Est-ce que tu m'entends ? », la question qui nous taraude est plutôt : « Est-ce que tu m'écoutes ? »

Les psychanalystes le constatent chaque jour. Habitués par Freud à allonger leurs patients, ils découvrent qu'un grand nombre d'entre eux vivent comme angoissant le fait de ne pas voir ni entendre leur interlocuteur. Alors qu'au début du XXe siècle cette situation paraissait favoriser le monologue, elle semblerait plutôt aujourd'hui l'empêcher : nous avons besoin qu'on nous parle pour être assurés d'être écoutés. Certains ont même besoin de voir qu'on les regarde pour pouvoir se parler à eux-mêmes !

Bien entendu, cette inquiétude a toujours plus ou moins existé, mais elle nous faisait sourire. Rappelez-vous une publicité parue il y a une quinzaine d'années, dans laquelle un psychanalyste était occupé à écrire la recette du lapin à la moutarde pendant que son patient allongé lui racontait ses déboires amoureux ! Mais aujourd'hui, cette inquiétude n'est plus réservée aux patients en analyse. Elle a envahi notre vie quotidienne. Nous craignons qu'on ne nous écoute pas. Et le téléphone mobile n'a rien arrangé !

J'ai reçu un bébé de 14 mois qui se déplaçait toujours avec la main droite collée sur l'oreille. Il avait été conduit chez le médecin pour une suspicion de problème auriculaire, mais l'exploration clinique n'avait rien montré d'anormal. En revanche, l'entretien familial a révélé que l'enfant était promené chaque samedi en poussette par son père qui mettait à profit ces moments pour passer ses appels téléphoniques ! L'enfant voyait son père se promener avec la main sans cesse collée à l'oreille, et il s'était mis à faire pareil. Il n'avait aucune idée de ce qu'est un téléphone mobile, mais il avait déjà adopté le geste de l'utiliser. Et il avait aussi probablement intégré qu'on peut le faire en même temps qu'autre chose : son père ne le promenait-il pas en parlant à quelqu'un d'autre ?

Voici un autre exemple. À l'occasion d'une fête familiale, une grand-mère n'avait pas pu être présente. On décida de l'appeler afin que chacun puisse la saluer. Lorsque arriva le tour d'une petite fille de 4 ans, elle se saisit de l'appareil, puis se précipita dans sa chambre, y prit son tricycle et se mit à pédaler frénétiquement autour de la table du salon tout en parlant avec sa grand-mère ! En fait, là aussi, la fillette ne faisait que reproduire à sa façon ce qu'elle observait chez ses parents. Comme la plupart d'entre nous, ils avaient souvent des conversations téléphoniques en faisant autre chose : en lavant la vaisselle ou en mettant la table, voire en communiquant par des mimiques avec leur fille… Pour celle-ci, « être grand », ce n'était donc pas seulement posséder un téléphone, c'était téléphoner en faisant autre chose.

Le problème est que cette attitude s'accompagne vite de la conviction que notre interlocuteur n'est pas plus attentif à nous que nous ne le sommes à lui. Cette inquiétude est particulièrement vive à l'adolescence. Qu'est-ce qui prouve que, là-bas, l'être cher ne me ment pas ? Les questions « T'es où ? », « Tu fais quoi ? » et « T'es seul ? » tournent en boucle dans la tête de l'adolescent comme la fillette sur son tricycle. Puis, au fur et à mesure que nous sommes rassurés sur l'affection qu'on nous porte, nous avons moins besoin de réponses à ces trois questions. Et un jour, nous nous contentons de la première, celle qui passe le mieux pour une simple demande d'information : « T'es où ? » Nous sommes devenus adultes…

« Dis-moi, je t'appelais parce que… »

Téléphoner est toujours une façon de nier la séparation, disions-nous, mais il existe des façons de le faire plus efficaces que d'autres. C'est le cas si je commence un échange par ces mots : « Dis-moi, je t'appelais parce que... » Cette formule évoque une longue promenade silencieuse avec un proche. Soudain, je romps le silence. Peut-être l'autre n'y est-il pas préparé ? D'où l'utilité du « Dis-moi » qui signifie : « Dis-moi si tu m'écoutes, si tu es disponible. » Quant à « Je t'appelais », c'est un peu l'équivalent de « Je voulais te dire » ; je fais comme si l'autre occupait mes pensées depuis longtemps ; j'étais déjà en conversation intérieure avec lui et je brise mon monologue intérieur pour l'interpeller : « Je suis en train de te raconter quelque chose au fond de moi, m'autorises-tu à te le dire de vive voix ? »

Le téléphone mobile a ce pouvoir de créer l'illusion d'une conversation ininterrompue dont les échanges explicites ne seraient que la partie visible, tandis que le discours muet, que chacun tient avec l'autre au fond de lui-même, serait l'essentiel. Ce fantasme d'une conversation ininterrompue entrecoupée de silences, mais jamais de ruptures, n'est paradoxalement pas celui de la vie amoureuse. Ce serait plutôt celui de la « bonne distance » du couple installé qui a un passé partagé long et solide. L'amour nouveau, lui, impose un autre rythme. Les amoureux se rapprochent, se heurtent, s'apaisent, s'éloignent, s'angoissent, reviennent...

Et parfois, la voix s'étrangle dans le téléphone. Il faut alors inventer autre chose, une autre forme de médiation de l'absence, moins « chaude », mais pas moins sensuelle. C'est le SMS envoyé depuis son téléphone ou, mieux encore, le recours à une messagerie en ligne, du genre MSN Messenger.

Se séparer quand même

Il vient toujours un moment où il faut nous rendre à l'évidence : nous sommes séparés. Et quand c'est d'un être cher, il n'est pas rare que cette séparation en réveille une autre, celle qui, jadis, nous semblait inimaginable, même et surtout quand elle survenait, celle d'avec notre mère. Les psychologues distinguent quatre grandes formes de réponses d'un bébé à cette situation[1]. Nos réactions au téléphone n'en sont parfois pas si éloignées !

Le bébé qui bénéficie d'un « attachement sécurisé » est capable d'accepter la séparation d'avec ses parents. Il pleure bien sûr, mais se console rapidement une fois le parent disparu de son champ visuel. Il se montre également capable d'explorer l'environnement pendant l'absence de son parent et montre sa satisfaction à son retour. Les adultes qui ont privilégié ce mode d'attachement courent probablement peu de risques de développer une dépendance à leur téléphone.

Le bébé désigné comme « détaché » par les psychologues se comporte bien différemment : il manifeste très peu d'émotions lorsque son parent le quitte ou revient. C'est parce qu'il craint que ses parents ne fassent pas écho à ses émotions, voire qu'ils le rejettent. De tels enfants paraissent

1. Cummings E.M., « Classification of attachment on a continuum of felt security », in *Attachement in the Pre-School Years*, Greenberg M.T., Cicchetti D., Chicago University Press, 1990, p. 311-338.

insensibles, mais la réalité est différente. Ils sont engagés dans une répression massive de leurs émotions parce qu'ils craignent que personne n'y réponde. Certains adultes ont bien cette attitude au téléphone : ils ne peuvent pas s'empêcher de paraître froids et distants, même s'ils brûlent intérieurement du désir de se répandre ! C'est parce qu'ils craignent que leurs interlocuteurs, qu'ils ne voient pas, ne réagissent comme leurs parents jadis, et les abandonnent seuls à leurs émotions.

Une troisième catégorie d'enfants est constituée par ceux qui présentent un « attachement ambivalent ». À la différence des précédents, ils manifestent une très grande détresse au départ du parent… et une quasi-indifférence à son retour. En fait, ils ont tellement peur d'être abandonnés qu'ils font des efforts terribles pour se passer du parent qui s'absente… à tel point que, épuisés, ils ne sont plus disponibles à son retour pour communiquer avec lui. Est-ce ce qui se passe lorsque, après avoir longtemps attendu un appel, je décide de brancher mon répondeur et de jouer les abonnés absents ?

Enfin, l'enfant qui a développé un « attachement désorganisé » réagit de façon brutale et paradoxale aux absences. Mais cette attitude est le miroir de celle dont il a d'abord souffert de la part de ses parents. Ceux-ci ont en effet souvent vécu des traumatismes graves, comme des deuils ou des carences éducatives importantes. C'est parce qu'ils font alterner des comportements extrêmes et inexplicables que leurs enfants développent à leur tour des peurs inexpliquées. Est-ce une angoisse semblable qui nous pousse parfois à laisser des messages paradoxaux sur les répondeurs de nos interlocuteurs ?

Mon téléphone est un intermédiaire, et plus si affinités

En cas de séparation, la difficulté principale n'est pas de continuer à penser à l'autre : un enfant d'un an et demi y parvient très bien. C'est de pouvoir se représenter l'autre attristé d'être séparé de nous autant que nous le sommes d'être éloignés de lui. C'est pour cela que le départ des adolescents de la maison familiale est aussi compliqué : pour rompre les liens qui les unissent à leurs parents, ils sont volontiers provocateurs et impolis. Mais ils ne peuvent pourtant se séparer qu'à la condition de pouvoir imaginer leurs parents attristés de cette séparation. Bref, il vaut mieux que les parents impatients de ce départ ne le montrent pas trop : cela pourrait le compromettre !

Le problème nous poursuit notre vie entière : je ne supporte la séparation qu'au prix de me représenter non seulement l'absent, mais un absent qui pense à moi autant que je pense à lui. Sans la seconde de ces représentations, la première ne fait que me torturer [1]. Pendant long-

1. Pour une première formulation de cette dynamique, on peut consulter Tisseron S., *Tintin chez le psychanalyste*, Aubier, 1985. Le mélancolique, lui, ne parvient jamais à s'imaginer l'autre attristé de la séparation, c'est pourquoi il tente de l'incarner. Il devient alors d'autant plus inconsolable que sa tristesse et sa souffrance ne sont pas les siennes, mais celles de l'autre telles qu'il les imagine. Il les met en

temps, il n'y a pas eu d'autre remède à cette situation que le compagnon imaginaire ; aujourd'hui, il y a le téléphone-doudou ! Comme une peluche pour l'enfant, le téléphone-doudou ne sert pas seulement à médiatiser tant bien que mal notre relation avec un interlocuteur éloigné. Il devient lui-même cet interlocuteur et, mieux encore, il est un interlocuteur qui nous rappelle sans cesse, à sa façon, qu'il ne nous oublie pas !

D'ores et déjà, on peut choisir l'aspect et la voix de son mobile. Bientôt, il fera plus : il sera, nous dit-on, « affinitaire ». Entendons par là qu'il nous proposera spontanément les musiques, les programmes de télévision et les films susceptibles de nous intéresser, mais aussi les promotions alimentaires et les offres de voyages ! Certains amoureux passent entre eux un contrat exigeant : « Surprends-moi toujours ! » C'est ce que nous promet le téléphone affinitaire.

Avec nos téléphones de première génération, nous cherchions à nier que la séparation ait eu lieu. Avec ceux de la troisième génération, nous reconstituons à volonté une union privilégiée avec un interlocuteur toujours disponible et attentif, notre téléphone lui-même.

Cette adaptation de nos téléphones pour en faire des interlocuteurs à part entière comporte un dernier aspect. Plus le corps de ceux avec lesquels nous interagissons s'efface et plus nous sommes tentés de lui substituer celui des machines. Le toucher, par exemple, nous manque tellement que nous caressons volontiers nos téléphones. À tel point que je ne

quelque sorte en scène, et, comme toute mise en scène, celle-ci est fortement dramatisée…

serais pas étonné que la consistance de ces petites machines se rapproche bientôt de celle de la peau humaine…

Mais en même temps, mon téléphone, si proche de moi, reste toujours un peu le prolongement de mon identité. Il est mon double souriant, mais aussi parfois provocateur. Quand j'oublie de l'éteindre alors que les conventions sociales l'exigent, la gêne que j'éprouve lorsqu'il sonne n'est parfois pas dénuée de plaisir. Laisser sonner son téléphone dans un lieu où c'est interdit est un peu devenu l'équivalent de péter ou de roter en public : une transgression, mais aussi une jouissance. La SNCF l'a bien compris : les espaces qu'elle a dévolus aux « besoins téléphoniques » sont proches des toilettes.

Nous voyons que nos téléphones ne sont pas des machines comme les autres, semblables à nos voitures, nos chapeaux ou nos outils. C'est pourquoi ils nous obligent à nous donner un nouveau modèle de nos relations aux objets. Avec Leroi-Gourhan, nous avons compris que ceux-ci prolongent nos diverses facultés : par exemple, les véhicules augmentent les pouvoirs de nos membres inférieurs, les outils ceux de nos mains et les calculatrices nos possibilités mentales[1]. Puis la psychanalyse nous a sensibilisés à la façon dont les objets incarnent divers aspects de nous-mêmes[2] en constituant des supports de projection

1. Leroi-Gourhan A., *Du geste à la parole, Technique et langage* (tome 1) ; *La Mémoire et les rythmes* (tome 2), Albin Michel, 1965.

2. Harold Searles a été le premier à s'avancer sur ce chemin ; voir Searles H., *L'Environnement non humain* (1960), Gallimard, 1986. Voir aussi Tisseron S., *Comment l'esprit vient aux objets*, Aubier, 1999.

pour nos désirs intimes, notamment amoureux et agressifs. Aujourd'hui, un troisième modèle s'impose, qui nous oblige à envisager nos machines comme des interlocuteurs à part entière : elles ne sont plus seulement des « machines à communiquer », mais des « machines communicantes ».

En fait, sous des dehors de grande nouveauté, nous retrouvons là une distinction que l'Antiquité romaine avait clairement établie. À cette époque, un même mot désignait les outils, les animaux et les esclaves, le mot *instrumentum*. Mais tous n'étaient pas équivalents. L'outillage agricole était dit « muet » – *instrumentum mutum* –, le bétail qui peut répondre à son nom et à quelques consignes simples était dit *instrumentum semi-vocale*, tandis que l'esclave doué de la parole était désigné comme *instrumentum vocale*. Nous n'avons plus d'esclaves à commander, mais nous aurons de plus en plus de machines avec lesquelles nous interagirons par la parole. Comme les esclaves de l'Antiquité, elles se prêteront à tous les rôles que nous leur confierons : comptable, conteur, traducteur, partenaire de jeux divers ou de rêveries érotiques, complice de nos confidences intimes, nounou, poisson rouge, mère substitutive... et bien d'autres choses encore !

Mais avant de nous avancer sur ce chemin, disons encore un mot d'un domaine que le téléphone mobile a ébranlé, et où, si j'ose dire, rien ne bougeait depuis longtemps : nos relations avec les morts.

La présence des disparus

Qui n'a désiré entendre les disparus une dernière fois ? Qui n'a rêvé de les faire « revenir », même pour très peu de temps, afin d'avoir le bonheur de les croire encore vivants ? En pleine Révolution française, un homme qui se faisait appeler Robertson prétendit être capable de convoquer les défunts[1]. Il utilisait pour cela des lanternes magiques, des fumigènes et des verres déformants. Son succès fut considérable. Nous le savons par les rapports des policiers chargés de le surveiller… et de l'arrêter au cas où il prétendrait faire réapparaître le roi Louis XVI guillotiné peu avant ! Sa technologie incroyablement rudimentaire lui permit de convaincre nombre de ses contemporains qu'ils retrouvaient, l'espace de quelques secondes, un proche décédé. Aujourd'hui, qui pourrait nier que nous avons les mêmes désirs ? La différence est que la puissance démultipliée de nos technologies leur confère des pouvoirs autrement plus importants.

Quelques cimetières américains tentent déjà de répondre à cette aspiration[2]. Au-dessus de la tombe du disparu, un bloc de pierre contient un clavier encastré. Il suffit de taper le nom du mort pour le faire apparaître sur un écran, aussi vivant que nous l'avons connu ! On peut le voir partager sa vie de famille comme à la veille de son départ, mais

1. Perriault J., *Mémoires de l'ombre et du son, Une archéologie de l'audiovisuel*, Flammarion, 1981.

2. *Le Monde 2*, 28 octobre 2006, p. 55-58.

aussi le convoquer bébé, adolescent ou jeune marié. Les enregistrements du défunt sont accompagnés d'un fond sonore soigneusement choisi. L'effet dramatique est, paraît-il, garanti : les poubelles placées à proximité des tombes ainsi équipées débordent de mouchoirs en papier...

Un mort peut aussi s'adresser aujourd'hui à ses proches en prononçant les mots qu'il ne leur avait jamais dits de son vivant. Gageons que certains ne s'en priveront pas : secrets de famille et vacheries seront probablement au rendez-vous. Et cela d'autant plus que la société des pompes funèbres réalise les enregistrements du futur défunt dans ses propres studios, loin des regards et des oreilles de la famille. La mode de la télé-réalité qui consiste à adresser à la cantonade ce qu'on destine en réalité à une seule personne a ainsi traversé l'espace qui sépare les vivants des morts. D'ailleurs, ces établissements d'un nouveau genre emploient, outre les traditionnels croque-morts, des experts en relations publiques et des cameramen, tout comme une chaîne de télévision privée !

Cette « communication d'outre-tombe » peut même s'accommoder de... l'absence de tombe. C'est que la montée en puissance des nouvelles technologies s'accompagne aujourd'hui de préoccupations écologiques. Pour y répondre, les mêmes cimetières proposent des inhumations sans cercueil dans de larges pelouses. La famille n'est pas privée pour autant de la possibilité de se recueillir sur les restes du disparu, car le cadavre a été muni d'une puce électronique bien protégée qui continuera, des siècles durant, d'affirmer : « Je suis bien ici. » Ce n'est plus le vivant qui dit son absence, comme dans la formule ritualisée du répondeur, mais le mort qui dit sa présence. Il n'est pas prévu, au moins au début, que la puce émette autre chose qu'un signal de localisation. Mais gageons que des extensions ne tarderont pas à apparaître. Le mort muni de sa carte SIM pourra échanger avec les vivants et répondre à leurs éternelles questions d'une voix toujours aussi assurée et rassurante : « Est-ce que tu m'as toujours été fidèle ? » demandera la veuve – ou le veuf – éploré(e). « Oui, je n'ai jamais aimé que toi », répondra le défunt. Remarquez que, comme dans la vie, le disparu pourra continuer de mentir. Mais plus encore que de son vivant, cela rassurera, car on pourra toujours se dire que, là où il est, au moins il ne commettra pas de nouvelles infidélités. Finalement, la seule différence entre ces dialogues d'outre-tombe et nos banals échanges quotidiens résidera probablement dans le fait que les trois questions habituelles n'y figureront plus. Demander à un défunt : « T'es où ? », « Tu fais quoi ? » et « T'es avec qui ? » ne recevrait probablement pour toute réponse qu'un silence... de mort.

D'autres cultures, moins favorisées sur le plan technologique, ont imaginé une variante de ces mises en scène *post mortem* : le cercueil en forme de téléphone mobile, comme au Ghana. Le mort qu'on y allonge est alors un peu l'âme de l'objet, la machinerie d'un instrument à communiquer [1]...

Il existe un dernier aléa de ce fantasme d'utiliser les nouvelles technologies pour maintenir *open* la communi-

---

1. Ferraris M., *T'es où ?, Ontologie du téléphone mobile* (2005), Albin Michel, 2006, p. 103.

cation avec les morts, c'est la tombe en forme de téléphone ouvert. Il en existe au moins une dont Maurizio Ferraris a fixé l'image dans un cimetière israélien [1]. Il est vrai que le caractère unique de l'objet ne permet pas de dire s'il est appelé à témoigner du désir de garder le contact avec le mort, ou bien simplement du métier que celui-ci exerçait de son vivant. À moins qu'il ne s'agisse du désir des vivants de n'avoir avec le défunt, pour l'éternité, que des contacts à distance !

En tout cas, en nous obligeant à dissocier le corps et la présence, le téléphone a ouvert la voie à une révolution dans nos façons d'envisager l'absence, provisoire ou définitive. Nos relations aux écrans s'y sont engouffrées. Parallèlement à leur pouvoir de constituer des partenaires à part entière, nous leur avons accordé celui de ressusciter les morts. Nous verrons que sur ce chemin, ils laissent loin derrière eux nos téléphones mobiles...

1. *Ibid.*

2

Des identités en perpétuel mouvement

Après les communications à distance, le second bouleversement qui a préparé la voie à la mutation Internet réside dans le rapport de chacun à sa propre image. La preuve ? En octobre 2006, un promoteur immobilier a proposé une maison témoin dans laquelle le traditionnel miroir de la salle de bains était remplacé par… un écran d'ordinateur [1]. On pouvait, au choix, y regarder sa propre apparence transmise par une Webcam ou une autre image de son choix, plus flatteuse ou franchement fantastique. Comme toujours, ce bouleversement n'avait pas surgi d'un chapeau. Il avait été préparé par une série de transformations qui, bien que peu visibles, ont profondément affecté notre relation à nous-mêmes. Le lecteur sera sans doute étonné d'apprendre qu'il s'agit de l'évolution de la photographie familiale… Commençons alors par l'éclairer sur ce point.

---

1. Dans le XIVe arrondissement à Paris.

Le stade des écrans

Les miroirs d'argent tels que nous les connaissons aujourd'hui sont apparus à Venise au XVIe siècle. L'homme avait toujours recherché à contempler son image en se regardant, tel Narcisse, à la surface d'une source endormie ou, comme les Égyptiens, sur un miroir de cuivre. Mais l'invention des miroirs d'argent poli a incontestablement renforcé cette préoccupation pour certains jusqu'à l'obsession ! Non contents de se regarder dans les miroirs, ils guettent leur silhouette dans les vitrines des magasins ou sur les vitres des compartiments du métro ou du train...

Mais depuis quelques années, la photographie numérique est en train de nous faire accomplir une nouvelle révolution. Les parents photographient et filment en effet de plus en plus leur progéniture, puis installent ces images sur l'écran de la télévision ou celui de l'ordinateur familial. Et là, que découvre l'enfant ? Une image qui le représente comme celle du miroir, mais qui est pourtant bien différente. En effet, alors que les miroirs d'argent inversent notre image, les miroirs de pixels la redressent. Sur les premiers, nous voyons la moitié droite de notre corps comme notre partie gauche et *vice versa*. Au contraire, sur un écran, nous voyons notre apparence telle que les autres la voient. Du coup, les enfants n'ont plus affaire à une seule série d'images d'eux-mêmes, mais à deux : celle des miroirs et celle des photographies et des films familiaux. Et cela change tout, à la fois dans leurs relations aux images et aux écrans.

Le miroir des métamorphoses

Commençons par la relation différente aux images. L'enfant qui grandit en ayant deux séries d'images de lui-même ne tarde pas à penser qu'il pourrait en avoir beaucoup plus. Et quand les représentations de soi se multiplient, l'identité ne s'attache plus à aucune. Sous l'effet de la généralisation de la photographie familiale, les jeunes rattachent beaucoup moins leur identité à la représentation visuelle d'eux-mêmes. À tel point que le traditionnel « stade du miroir [1] » décrit par Jacques Lacan pourrait bientôt être remplacé par un « stade des écrans », les miroirs plans n'étant qu'une variété parmi d'autres de ceux-ci. Le miroir, disait Jacques Lacan, n'est pas seulement une source d'illusions visuelles, il est aussi à l'origine de notre tendance à nous illusionner sur nous-mêmes. Avec les miroirs de pixels, il ne s'agit plus seulement de se voir différent, mais aussi de manipuler nos interlocuteurs.

Commençons par la première de ces attitudes. Alors que face à un miroir d'argent poli je suis invité à penser que je suis bien tel que je me vois, les images chargées de me représenter sur les écrans peuvent être transformées à volonté. Cette évolution est bien visible au Japon. Les traditionnelles cabines de Photomaton ont cédé la place à des dispositifs comportant trois pièces : la première pour se maquiller et se déguiser, la deuxième pour se photographier, et la troisième pour transformer son image à l'aide de trucages numériques. L'image,

1. Lacan J., *Écrits*, Le Seuil, 1966.

au final, est celle qu'on a choisi de se fabriquer. Elle ne ressemble pas à son propriétaire, et pourtant il a l'impression qu'elle est une facette de lui-même. L'apparence comme repère de l'identité a cédé la place aux identités multiples qui sont chacune une partie de soi.

D'ailleurs, la preuve de cette multiplicité est qu'un adolescent qui joue à des jeux vidéo en réseau possède toujours plusieurs avatars. Chacun d'entre eux est lié à des souvenirs, des fantasmes ou des projets différents[1]. Aucune de ces identités ne l'incarne dans sa totalité, mais chacune figure une partie de ce qu'il est. C'est pourquoi, lorsqu'un adulte voit un enfant jouer avec un certain personnage – par exemple un chevalier ou un sorcier, mais tout aussi bien un soldat allemand ou américain –, le mieux est de lui demander quels sont les autres avatars avec lesquels il joue puisqu'il en a toujours plusieurs. Et c'est la même chose avec les blogs. La plupart des adolescents les multiplient. Cette attitude correspond non seulement aux flottements des identifications à l'adolescence, mais aussi à la nouvelle logique des miroirs de pixels. De la même façon que le téléphone nous a familiarisés avec l'idée qu'on peut être présent et absent à la fois, la photographie numérique nous sensibilise au fait qu'on peut avoir plusieurs apparences et plusieurs identités[2]. Le règne du « ou bien, ou bien » a cédé la place à celui du « à la fois, à la fois ».

---

1. Sur ces identités multiples, voir chapitre 11.

2. Un autre signe – inattendu ! – de ce changement se trouve dans le discours tenu aujourd'hui par des jeunes nés de parents immigrés. Alors que leurs parents se sentaient souvent écartelés entre deux cultures et deux appartenances, au point de vivre cette situation dans la honte et le

Ce jeu incite parfois à la manipulation et au mensonge. On en trouve de nombreuses illustrations dans les chats et les forums. Par exemple, un garçon qui veut draguer une fille entre d'abord en relation avec elle en se faisant passer pour une autre fille [1]. En évoquant de fausses confidences, il suscite facilement les siennes et prend connaissance de ses centres d'intérêt. Lorsque ce garçon pense qu'il en sait suffisamment, il interrompt l'échange sous n'importe quel prétexte, puis renoue la relation en adoptant une identité masculine. Fort de tout ce qu'il a découvert sous son identité précédente, il ne lui est pas bien difficile de séduire l'adolescente en lui donnant l'impression que leur rencontre inopinée révèle de merveilleuses coïncidences ! Selon qu'on considère que la règle d'Internet est l'authenticité ou bien le jeu avec les apparences, on parlera de supercherie ou de stratégie... C'est en fait les deux à la fois, à l'image de l'indécidabilité qui règne sur Internet.

« *Y a quelqu'un ?* »

Le fait de ne se reconnaître dans aucune image ne veut pas dire qu'elles soient toutes fausses, et encore moins

silence, eux revendiquent ce clivage comme constitutif de *leurs identités*, et justement plus de *leur identité*. Ils se disent « multi-identitaires ». Alors que la génération précédente disait ne se sentir chez elle « nulle part » – ni dans le pays dit d'accueil ni dans celui d'origine –, la nouvelle affirme au contraire se sentir « un peu chez soi » partout. Ce choix, insoutenable il y a seulement vingt ans, est aujourd'hui rendu possible par la culture du « à la fois » qui a remplacé celle du « ou bien ».

1. Pasquier D., *La Tyrannie de la majorité*, La Découverte, 2005.

toutes vraies. Leur valeur est *a priori* indécidable. Alors, comment en décider ? C'est ici que les écrans interviennent. Nous ne nous leur demandons plus seulement aujourd'hui de nous informer sur le monde, mais aussi sur nous-mêmes. La démarche introspective qui consistait à vouloir connaître son identité par le regard intérieur qu'on porte sur soi a laissé place à une autre exactement opposée : il s'agit de se cerner grâce au regard des autres. Nous pianotons sur nos claviers à la recherche d'interlocuteurs qui nous disent qui nous sommes, et Internet est devenu un vaste marché d'identités en quête de validation.

En pratique, cette quête passe par trois moments successifs. Le premier consiste à se créer un espace personnel qui sera proposé au regard – et à l'avis ! – de tous les internautes. Cette étape représente pour certains un travail considérable. Il peut s'agir d'un blog, d'un profil personnel sur un site de rencontres comme Meetic ou même d'un avatar dans certains jeux vidéo. La démarche est donc toujours narcissique avant d'être réciproque : chacun se regarde d'abord lui-même – et parfois très longtemps ! – dans le miroir qu'il désire proposer aux autres [1]. Sur cet espace, l'internaute expose au monde des fragments de lui-même, c'est-à-dire, selon ses choix, des éléments de son anatomie, de ses pensées ou de ses créations. Cette démarche n'est pas sans risque parce qu'elle aggrave le narcissisme du miroir. Rien n'est pire qu'un blog ou un site sur lequel on ne reçoit aucune visite ! Ceux qui disposent déjà

1. Geneviève Lombard compare ce moment à celui du « monde placentaire » ; voir Lombard G., « Le blog et le nombril », *Champ psychosomatique*, n° 43, 2006, p. 125-134.

d'un carnet d'adresses envoient un e-mail à toutes leurs relations pour les inviter à rendre visite à leur blog. Quant à ceux qui ne connaissent personne, ils tentent parfois de conjurer l'angoisse en écrivant : « Y a quelqu'un ? »

Le premier internaute qui vous rend visite casse ce soliloque. C'est le deuxième moment. Vous êtes invité à profiter de son regard sur vous à travers son intérêt et ses remarques. Selon ce que vous aurez choisi de mettre en ligne – photographies, textes… –, vous bénéficierez d'un commentaire sur votre aspect, vos propos ou vos productions. Si la méthode est nouvelle, le désir qui l'anime, lui, est vieux comme le monde. De tout temps, chacun a utilisé le regard et le jugement des autres sur lui pour se connaître. Le premier miroir de l'identité de chacun n'est d'ailleurs pas une surface polie réfléchissante, mais le regard de sa mère – entendons par là de son interlocuteur le plus proche de lui [1].

Enfin arrive le troisième moment, celui où les échanges dessinent peu à peu un groupe d'internautes partageant les mêmes goûts et les mêmes centres d'intérêt. Je découvre que je fais partie d'une communauté dont j'ignorais jusque-là l'existence ! C'est la sortie du monde autocentré où chacun était invité à tourner autour de soi, un peu comme au Moyen Âge l'univers entier était censé tourner autour de la Terre, et c'est l'entrée dans un monde hétérocentré où l'on est invité à tourner avec d'autres dans des regroupements appelés « communautés ».

1. Winnicott D.W., *Jeu et réalité, op. cit.*

Recherche identité désespérément

Dans un monde où chacun est sommé de se construire une identité personnelle, la question de savoir qui l'on est se trouve évidemment au centre des préoccupations de chacun. Il ne faut donc pas s'étonner qu'elle revienne sans cesse sur Internet. Renonce-t-on pour autant à être aimé ? Pas vraiment, parce qu'en réalité les deux questions n'en font qu'une. « Dites-moi comment vous vous intéressez à moi et je saurai qui j'ai envie d'être. »

Mais pour savoir qui on est, il faut commencer par « se découvrir ». En français, le double sens de ce verbe est épatant : c'est à la fois « se mettre nu face aux autres » et « accéder à la connaissance de soi ». Ces deux attitudes correspondent à ce que j'ai appelé le « désir d'extimité [1] », qui n'est autre que celui de rendre publiques des parties secrètes de soi pour les faire reconnaître et valider par l'entourage.

Ce désir est parfois rapporté à l'influence de la télé-réalité. C'est une erreur. Il n'a pas attendu les nouvelles technologies pour exister, mais il a longtemps été masqué par les conventions familiales : l'expression de l'intimité de chacun était réservée aux conversations d'alcôve ou aux pratiques de chambre à coucher.

D'autres fois, le désir d'extimité est confondu avec l'exhibitionnisme. Là aussi c'est une erreur. L'exhibitionniste prend soin de ne montrer de lui que les aspects capables

1. Tisseron S., *L'Intimité surexposée*, Ramsay, 2001 ; rééd. Hachette Littératures, 2002.

de séduire ou de fasciner, tandis que celui qui met sur Internet une partie de lui dont la valeur publique n'a pas encore été approuvée prend toujours un risque. L'exhibitionniste est une sorte d'acteur cabotin et répétitif, alors que l'internaute est un expérimentateur de lui-même.

En fait, c'est la reconnaissance d'un droit à l'intimité qui a encouragé l'expression du désir d'extimité. Car l'intimité de chacun, aussi bien psychique que physique, lui devient vite ennuyeuse s'il est seul à en profiter. Ma nudité face au miroir, pour ne prendre que cet exemple, m'apparaît sous un jour radicalement différent à partir du moment où un regard désirant, ou simplement curieux, se porte sur elle. Le droit à l'intimité, en reconnaissant à chacun un espace où il est protégé de l'intrusion des regards d'autrui, lui permet de rechercher le regard privilégié par lequel il se sentira enfin exister. L'intérêt que je me porte ne se nourrit que de celui que les autres me manifestent. Bref, sans la possibilité d'une intimité reconnue, le désir d'extimité ne viendrait pas à la conscience, tandis que sans le sel de l'extimité, l'intimité serait rapidement lassante.

Enfin, ce désir d'extimité qui transforme partout nos écrans en miroirs renouvelle aussi constamment l'intimité. Car celle-ci est toujours menacée de se figer dans une tradition qui en fixe les contours. Le droit reconnu à l'extimité la subvertit et participe ainsi à l'individualisation au même titre que le droit à l'intimité. Le XXe siècle a vu reconnaître l'un, le XXIe siècle donnera une place grandissante à l'autre. D'autant plus que les nouvelles technologies lui fournissent un espace pratiquement infini où se manifester. Sur Internet, l'intime et l'extime s'imposent clairement pour être le pile et le face d'une même monnaie, celle qui est investie chaque jour dans la quête de l'estime de soi médiatisée par la rencontre avec l'autre.

La preuve ? Un site créé comme une plaisanterie à la fin de l'année 2000 s'est transformé rapidement en une entreprise commerciale qui rapporte plusieurs millions de dollars par an ! Chaque visiteur est invité à y déposer une photographie de lui afin d'être « noté » par tous les internautes qui le souhaitent. En 2004, plus de dix millions de personnes à travers la planète jouaient ainsi à estimer, de 1 à 10, les images de leurs congénères, et plus de quatre millions – pour la plupart âgés de 18 à 24 ans – avaient envoyé leur photo sur celui de ces sites le plus fréquenté [1]. Les commentaires y sont souvent acerbes, mais cela ne dissuade pas les postulants, bien au contraire. La raison ? Se faire remarquer à tout prix, fût-ce celui d'être insulté ! Pour beaucoup, un grand nombre de critiques valent mieux que quelques compliments. L'important est de se prouver qu'on peut intéresser, être aimé viendra plus tard. « Dans mon école, je suis le meilleur en provocation », disait un enfant de 9 ans. « Sois exécré ou adoré, mais ne laisse personne indifférent » pourrait être l'adage de la nouvelle génération des écrans.

La feintise de l'avatar

Pendant longtemps, les joueurs de jeux vidéo ont dû se contenter de l'apparence que leur donnait le concepteur.

1. *Courrier international*, n° 713, 1er-7 juillet 2004, p. 51.

Mais ce temps-là est bien fini, et chacun a aujourd'hui le choix de ressembler à ce qu'il veut. Mon avatar peut être grand ou petit selon ma taille réelle, porter des lunettes comme moi ou avoir ma couleur de cheveux, mais il peut aussi être le reflet de mes rêves grandioses ou de mes cauchemars les plus macabres.

Prenons l'exemple de *World of Warcraft*. Ce jeu qui a conquis près de six millions de joueurs dans le monde est un univers *heroic fantasy* qui mélange un décor médiéval et des créatures surnaturelles. Les joueurs choisissent leurs avatars en plusieurs étapes. D'abord, ils décident d'appartenir à l'un des deux clans qui s'y opposent, la Horde et l'Alliance. Le premier regroupe les trolls, les orcs, les morts vivants et les taurins, tandis que le second associe les nains, les gnomes, les elfes et les humains. Une fois ce choix effectué, le joueur attribue à son personnage un nom, un sexe, une coiffure, une couleur de peau et surtout une « classe » qui définit ses pouvoirs principaux : par exemple, guerrier, mage, nécromancien ou voleur. Puis il décide des caractéristiques physiques et psychologiques de son héros, telles que son apparence, sa force, son agilité, son intelligence, ses pouvoirs magiques, etc. Enfin, des métiers sont proposés au cours du jeu, tels que cuisinier, alchimiste, couturier, ingénieur..., entre lesquels le joueur doit à nouveau choisir. Du coup, chacun des avatars promenés dans *World of Warcraft* engage des résonances dans trois directions complémentaires.

Tout d'abord, leur apparence évoque les diverses traditions culturelles : référence gréco-latine pour les humains, celtique pour les nains, indienne pour les taurins, slave pour les morts vivants, etc.

Ensuite, chaque avatar entretient une relation privilégiée avec l'un des quatre éléments fondamentaux : l'air, le feu, la terre, l'eau, et les énergies qui lui sont liées. Ces catégories sont souvent des abstractions pour les citoyens adultes habitués des villes que nous sommes, mais elles sont des aspects concrets du monde que chaque enfant a affronté dès sa naissance et dont il reste proche : l'eau de l'univers amniotique, l'air qu'il doit affronter pour pouvoir respirer et ensuite parler, le sol d'où il doit se lever pour commencer à marcher et le feu qu'on lui a interdit si fort de toucher. À travers son univers de rattachement, chaque créature est donc susceptible de véhiculer une image inconsciente du corps où le joueur peut se reconnaître.

Enfin, les spécialités choisies par chaque joueur sont le reflet de ses préoccupations et de sa personnalité profonde : le goût du corps à corps pour le chevalier, protégé par sa lourde armure, l'art de l'esquive du voleur ou encore le combat à distance du sorcier qui doit éviter tout contact et jeter ses sorts de loin.

Mais plus encore qu'un rôle, c'est la possibilité d'en jouer plusieurs en même temps qui importe. Car, encore une fois, les espaces virtuels sont inséparables de la possibilité de faire valoir plusieurs identités. Dans *Second Life*, chaque joueur a même la possibilité de passer d'une apparence à l'autre d'un simple clic, un peu comme un magicien dans un conte de fées se change instantanément en dragon, en souris ou en belle princesse ! Ces rôles ne sont pas des masques de l'identité, mais ses facettes multiples.

3

Vrai si je veux !

Après le téléphone et la photographie numérique, la troisième cause des bouleversements actuels consiste dans le changement du paysage audiovisuel. Mais alors que le téléphone concernait la place du corps et des autres, et la photographie notre rapport à nous-mêmes, c'est ici la relation au réel qui est en cause.

Tout a commencé avec la télé-réalité. On se souvient des débats qui ont accompagné, durant l'été 2001, l'émission *Loft Story*[1]. Le public s'est aussitôt divisé en deux camps : ceux qui prétendaient qu'il s'agissait d'une sorte de reportage « pris sur le vif » et ceux qui accusaient au contraire la chaîne M6 de « tout scénariser ». En fait, très vite, les uns et les autres se sont mis d'accord sur un point : le plus souvent, il était absolument impossible de trancher entre ces deux éventualités. Il ne restait plus alors à chacun qu'à choisir son camp : certains décidèrent de considérer *Loft Story* comme une fiction en faisant valoir leur connaissance des rouages de l'émission, tandis que d'autres adoptaient

1. *Loft Story*, diffusé sur M6 du 29 avril à fin juillet 2001.

le point de vue du document en mettant en avant les vertus de l'intitulé. Ainsi ai-je pu entendre : « La preuve que c'est vrai, c'est que ça s'appelle "télé-réalité" ! » Contrairement à ce qu'on pourrait penser, ce ne sont pas les jeunes qui ont défendu le plus souvent cette option, mais les personnes âgées…

Confusion et brouillage à tous les étages

À peine les téléspectateurs étaient-ils remis de ce séisme qu'un autre arrivait sur nos écrans, les docu-fictions. Ce genre juxtapose des images d'actualité et des reconstitutions de telle sorte qu'il est impossible de comprendre la part des unes et des autres. Par exemple, des images d'archives colorisées se présentent comme des images contemporaines, tandis que des prises de vues actuelles créent l'illusion d'être des documents d'époque. C'est déjà compliqué, mais les choses ne se sont pas arrêtées là ! Car les spectacles de fiction se sont mis à leur tour à prétendre à un statut hybride. Bon nombre de publicités pour des longs métrages prétendent aujourd'hui que l'acteur a vécu « pour de vrai », pendant le tournage, ce que le spectateur est invité à découvrir dans le film, par exemple le drame de la jalousie ou la douleur physique. On ne nous dit plus : « Allez voir ce film parce que l'acteur y joue très bien », mais : « Allez le voir parce que l'acteur n'y joue pas » ! Bref, il est devenu bien difficile de s'y retrouver.

Chacun en tire les conséquences : puisque le paysage d'images est indécidable, il est libre de choisir si ce qu'il voit est vrai ou faux. De telles situations se multiplient. Certains décident que les images des premiers pas de l'homme sur la Lune sont un trucage de la CIA et qu'aucun Américain n'y a jamais posé les pieds. D'autres prétendent que l'attentat du 11 septembre 2001 sur le Pentagone est une falsification. Et, dans le cas du petit Mohamed Al-Durra – ce garçon tué à côté de son père lors d'un affrontement israélo-palestinien en 2000 –, les choses sont encore plus complexes : certains disent que les balles meurtrières étaient palestiniennes et non israéliennes, d'autres affirment que l'enfant n'est pas mort, et d'autres encore sont convaincus que l'ensemble de la séquence est une vaste mise en scène !

Telles sont aujourd'hui les images. Chacun se sent-il pour autant libre de décider chaque fois des parts de fiction et de document qui entrent dans leur composition ? Pas vraiment. Cette liberté, possible en principe, est en réalité difficile à exercer. Comment croire, ou refuser de croire, seul ? La plupart décident donc de s'en remettre à l'avis d'une communauté qu'ils se sont choisie. L'ère de l'image indécidable est aussi celle du communautarisme. Un communautarisme volontiers militant et offensif, car les communautés qui se forment autour du degré de réalité à accorder aux images sont forcément prosélytes. À défaut de tout autre critère, leur nombre est leur seule force.

Des souvenirs qui ne prouvent rien

Avant d'aller plus loin sur le chemin de cette virtualisation des images, risquons un parallèle : au moment où celles qui nous entourent sont de plus en plus indécidables, celles de nos souvenirs sont également frappées d'incertitude. C'est là aussi un phénomène nouveau. On peut dire que, depuis deux siècles, trois moments ont jalonné cette évolution.

Le XIXe siècle voyait dans le souvenir d'un événement la preuve de l'existence de celui-ci – sauf quand celui qui l'évoquait était accusé de mentir, ce qui était notamment le cas des enfants dénonçant des sévices sexuels qu'ils avaient subis. Puis le XXe siècle, à la suite de Freud, a plutôt considéré le souvenir traumatique comme un « fantasme », c'est-à-dire comme le reflet d'un désir inconscient. Aujourd'hui, nous vivons un troisième moment : le souvenir d'un traumatisme est considéré comme la preuve que celui-ci a bien eu lieu… mais pas forcément comme la victime s'en souvient. Tout ce que le souvenir traumatique permet d'affirmer, c'est qu'« un jour, un traumatisme a bien eu lieu [1] ». En revanche, il ne permet de désigner avec certitude ni la nature de ce traumatisme ni même la génération concernée : le pouvoir qu'ont les traumatismes vécus de faire des « ricochets [2] » d'une génération sur l'autre explique cette particularité.

Nous ne sommes pas loin, ici, du « vrai et faux à la fois » des nouvelles images. D'un côté, le souvenir du traumatisme dit la vérité parce qu'il prouve bien qu'un traumatisme a eu lieu ; mais d'un autre côté, ce souvenir ment

1. Voir à ce sujet Tisseron S., *Vérités et mensonges de nos émotions*, Albin Michel, 2005.

2. *Id.*

parce qu'il ne prouve pas que les choses se soient passées comme la personne s'en souvient. Et lorsque le souvenir traumatique est réveillé par des images de télévision ou de cinéma, son caractère indécidable est encore majoré par le fait qu'on ne sait jamais la part prise par le scénario qu'on vient de voir dans la construction du souvenir. N'a-t-il joué qu'un rôle de « révélateur » ou bien a-t-il donné sa propre forme au souvenir que l'on croit retrouver ? Bref, nos souvenirs sont-ils « vrais » ou « faux » ? Ont-ils le statut de « document » ou celui de « fiction » ?

Décidément, l'interaction entre nos images du dedans et celles qui nous entourent est aujourd'hui le problème essentiel. Les unes et les autres évoluent ensemble : à l'image considérée comme reflet du monde a correspondu le fantasme d'un souvenir qui serait un reflet exact du passé ; à l'image qui est son propre réel correspond une conception du souvenir comme création.

Un monde tout entier virtuel

Les images de télévision et de cinéma sont indécidables, mais celles de nos ordinateurs le sont plus encore. Avec elles, tout est menacé de se dématérialiser, les rencontres, les objets, l'argent... Un mot désigne ces nouveaux espaces où chacun est libre de croire ou non à ce qu'il voit, rencontre et entend, celui de « virtuel ». Le virtuel n'est ni le réel ni l'imaginaire, mais une sorte de plaque tournante à partir de laquelle chacun peut choisir de s'orienter d'un côté ou de l'autre. C'est ce que vivent chaque jour ceux qui se rendent sur le célèbre site de vente aux enchères eBay [1]. Ils peuvent considérer à volonté les images des objets proposés à l'achat comme des réalités ou des fictions, leurs interlocuteurs comme réels ou virtuels, et l'argent qu'ils y utilisent comme du « vrai argent » ou de la monnaie de singe ! Et, petit à petit, ils sont incités à penser autrement leurs relations aux autres et au monde…

Des objets dématérialisés

Le fait qu'un objet découvert sur eBay ne puisse pas être touché, mais seulement vu, facilite la mise en route de l'imaginaire. Après être entrée en possession d'une broche sur laquelle elle avait rêvé, une acheteuse fut terriblement déçue de la trouver plus petite que ce qu'elle avait imaginé. Cette femme reconnaissait que pour une broche, la taille de l'objet était normale, mais en la désirant sur l'écran, elle n'avait pas pu s'empêcher de l'imaginer beaucoup plus grosse ! Pour désigner la façon dont son imagination avait transformé cet objet, elle employait une expression très forte : elle disait l'avoir « sacralisé ».

Une autre façon de privilégier l'imaginaire des objets sur leur réalité consiste à valoriser leur histoire, réelle ou supposée. Certains vendeurs augmentent ainsi la valeur des objets qu'ils proposent à l'achat en leur accolant une histoire : cela laisse totalement indifférents – voire goguenards – certains eBayeurs, mais en séduit d'autres…

1. Ces considérations sur eBay sont issues d'une recherche que j'ai dirigée, en 2006, sur les usagers de ce site (résumé consultable sur le site Squiggle.be).

Certains acheteurs s'inventent aussi leurs propres histoires. À défaut d'informations précises, ils décident de fabriquer leur roman personnel de l'objet qu'ils convoitent. Peu importe la réalité. Le plaisir est de bricoler des fragments de fiction et d'y croire, puis éventuellement de les raconter. Comme cette femme de 35 ans qui déclare : « Il m'est arrivé d'avoir un blouson avec des taches de pétrole dessus. J'avais trouvé dans la poche un ticket de pressing datant de 1937, et à partir de là, je me suis fait mon petit scénario… ».

À l'opposé, il est vrai, d'autres usagers d'eBay mettent en place des stratégies pour ne jamais perdre de vue la réalité des objets. Certains demandent par exemple au vendeur des photographies prises sous des angles différents, d'autres vont voir les mêmes objets sur d'autres sites afin de comparer les prix, ou demandent des factures ou des certificats d'authenticité. Certains vont même voir et toucher ces objets dans de vrais magasins avant de les acheter en ligne. Enfin, ruse suprême, certains acheteurs se rendent toujours chez le vendeur : ils s'accordent ainsi la possibilité de refuser l'objet au dernier moment s'il ne leur convient pas, après l'avoir vu en réalité !

L'argent entre abstraction et réalité

On pouvait croire que seuls les adeptes des tables de jeu avaient le pouvoir de perdre toute idée de la valeur de l'argent – eBay montre que chacun peut être guetté par cette attitude. Nombreux sont les usagers réguliers de ce site qui disent que l'argent y prend un « caractère abstrait ». Autrement dit, il n'est plus du vrai argent ! À la limite, les enchères sont recherchées pour elles-mêmes comme un moment de jeu sans conséquences. « On oublie que c'est du vrai argent. C'est un chiffre », dit Séraphine qui « joue au casino, des petites sommes… comme sur eBay ! » précise-t-elle. Comme dans un casino aussi, l'autre usager peut devenir un « concurrent à abattre », quel que soit le prix qu'il en coûte.

Et l'argent n'est pas seulement virtuel au moment des enchères. L'objet acheté est souvent perçu par son nouveau propriétaire « comme un cadeau » au moment où il entre en sa possession. C'est un peu comme si la dépense n'avait pas eu lieu… Ce risque est assez grand pour susciter des stratégies destinées à s'y opposer. Certains enchérisseurs se font « assister » d'un proche, familial ou amical, dans les enchères de la dernière heure. D'autres s'imposent une limite à ne pas dépasser et s'interdisent de surenchérir dans le dernier quart d'heure. Certains refusent même de regarder les enchères pendant la dernière heure et ne vont sur le site que quand ils savent que tout est terminé ! Mais beaucoup reconnaissent que la tentation est grande… Ils voudraient, comme Ulysse, se faire attacher à un mât pour éviter de céder au chant des sirènes, mais ils n'y arrivent pas. Le virtuel ne laisse pas si facilement partir ceux qu'il a attrapés…

Des interlocuteurs virtualisés

Enfin, les usagers d'eBay peuvent eux aussi être virtualisés. Ainsi une collectionneuse parisienne déclare-t-elle : « J'avais imaginé des profils d'enchérisseurs, de vendeurs. Et, avec les remises en main propre, je réalise que mes profils ne correspondent pas à la réalité. On croit trouver des Parisiens ou des jeunes, et on peut trouver, dans les faits, des vieilles personnes, des provinciaux. » C'est probablement là l'origine du refus de tant d'eBayeurs de rencontrer ceux auxquels ils achètent ou vendent des objets. Ce serait mettre fin aux illusions qu'ils se sont construites. Il est tellement plus agréable de continuer à rêver qu'on a acheté ou vendu à des gens qui partagent les mêmes goûts et les mêmes centres d'intérêt que nous, voire notre âge et notre catégorie sociale !

Un dernier triomphe de l'imaginaire se voit dans l'importance accordée aux « notes d'évaluation ». Il s'agit du nombre d'appréciations positives obtenues par un vendeur ou un acheteur dans ses transactions précédentes. Ces notes finissent parfois par être confondues avec l'usager lui-même, bien que chacun sache qu'elles ne prouvent rien du tout. Elles sont en effet souvent négociées – les marchands gonflent volontiers les leurs avec un complice – et elles font l'objet de prêts ou de trocs du genre : « Tu me laisses enchérir – ou vendre – sous ton pseudo parce que tu as beaucoup d'évaluations positives, et je te revaudrai bien ça. » Mais chaque usager à beau apprendre cela très vite, la fiche d'évaluation garde une sorte de valeur magique. « Je n'achète pas à moins de vingt évaluations positives », dit un eBayeur. « Et moi, pas à moins de cinquante », lui répond un autre. Car comme c'est le seul repère qui se donne pour fiable, nombreux sont ceux qui choisissent d'y croire, au moins au moment de la transaction... quitte à en dénoncer l'illusion aussitôt après. Ils décident de croire à la fiche d'évaluation un peu comme un pèlerin déciderait que l'habit fait le moine le temps de la confession. En dehors de ce moment, c'est une autre affaire, mais pendant les enchères, il en a besoin. Nous découvrons ici un élément majeur des mondes virtuels dont nous reparlerons longuement : le contrat de confiance y est un contrat de croyance. On décide de croire pour faire confiance, et on décide de faire confiance pour avancer. Mais, vrai ou faux, c'est toujours l'usager qui décide !

Apprivoiser le virtuel

Maintenant que le lecteur est suffisamment familiarisé avec les différents usages du mot « virtuel », le moment est venu de le définir. Comme souvent dans notre culture, tout commence avec les Grecs. Ici, c'est le philosophe Aristote qui, trois siècles avant notre ère, en donne la première définition. Pour lui, « virtuel » désigne ce qui est « en puissance » ou encore « en devenir ». La graine contient un arbre virtuel tout comme le bébé contient un adulte virtuel. Mais de l'un à l'autre, le lien n'est jamais assuré : bien des graines ne donnent pas d'arbres, et bien des bébés ne deviennent jamais des adultes ! Mais peu importe, car cette définition, la seule utilisée pendant deux millénaires, a aujourd'hui pratiquement disparu sous l'effet des technologies numériques.

Les images virtuelles

Au début des ordinateurs, on désigna les images numérisées sous le mot de « virtuelles » pour les opposer aux images produites par les moyens traditionnels. En fait, il apparut vite que cette définition était erronée. Les images données par les ordinateurs sont bien réelles lorsqu'elles sont présentes sur un écran, et, lorsqu'elles ne sont pas actualisées de cette façon, elles ne sont ni plus ni moins virtuelles qu'un tableau enfermé dans une caisse. Bref, avec l'ordinateur, il n'y a que des images réelles et celles-ci concernent soit des objets réels – c'est-à-dire existant en réalité –, soit des objets virtuels.

Les objets virtuels

L'objet virtuel n'existe que sous la forme numérique et ne peut être appréhendé que par l'image réelle qu'un dispositif en donne. La technologie numérique peut en effet reproduire un objet réel, comme un verre ou une carafe, mais aussi donner à un objet imaginaire une apparence totalement réelle, comme les dragons du film *Harry Potter et la coupe de feu*. En ce sens, on peut dire que le virtuel brouille la différence entre imaginaire et réalité. Mais il faut être bien naïf pour ne pas voir que cette différence a de tout temps été brouillée par les images ! Au XIXe siècle, quand la majeure partie des Européens ne connaissait les rhinocéros et les sirènes que par des croquis d'explorateurs, ces deux catégories de créatures étaient aussi vraies – ou, si on préfère, aussi fausses – l'une que l'autre. Les technologies numériques ne font finalement que donner aux créateurs un « super-crayon » qui leur permet de dessiner en trois dimensions et d'animer leurs créations. Tout le reste est affaire de croyance, autrement dit de désir. Ceux qui n'ont aucune raison de croire que les anges existent considèrent leurs images comme des fictions, tandis que ceux qui désirent y croire pensent qu'il en existe quelque part de semblables à ceux qu'ils voient représentés.

La réalité virtuelle

Dans la réalité virtuelle, tous les objets, aussi bien les plus réalistes que les plus fantaisistes, sont figurés en images de synthèse de telle sorte qu'il est possible d'interagir avec eux. Dans les années 1990, cette réalité virtuelle fut associée à trois caractères : l'immersion, l'interactivité et la possibilité d'y rencontrer d'autres sujets eux aussi en situation d'immersion [1]. Un palier fut franchi avec l'invention du « casque de vision » qui accroît le sentiment d'immersion, puis avec celle du « gant de préhension » qui permet de manipuler des objets virtuels en ayant la perception de leur poids et de leur contact tactile. Au début, casque et gant étaient reliés à un ordinateur par des câbles, ce qui donnait un peu à l'expérimentateur l'apparence d'un scaphandrier…

La réalité augmentée

Le développement des technologies numériques amena rapidement à un croisement de la réalité virtuelle – qui n'existe que par ses images – avec les images de la réalité réelle – qui existe indépendamment de celles-ci. On appela ce croisement la « réalité augmentée ». Divers capteurs permettent d'y superposer des manifestations virtuelles à la perception de l'espace réel. La réalité augmentée est donc une réalité enrichie par des informations en images de

1. Quéau P., *Le Virtuel, vertus et vertiges*, Champ Vallon, 1992.

synthèse. C'est ainsi que le chirurgien assisté par un ordinateur peut visualiser des vaisseaux ou des nerfs grâce à des couleurs projetées sur son champ opératoire, et que le pilote de chasse voit en couleurs vives sur son écran des batteries ennemies dissimulées au regard humain.

La réalité mixte

La réalité mixte est comparable à une machine qui aurait deux entrées et une seule sortie. On y entre des images d'objets réels – comme des arbres, des maisons… –, mais aussi des images d'objets virtuels qui n'existent pas – comme diverses catégories de monstres. Et, à la sortie, ces deux catégories d'images apparaissent aussi vraies les unes que les autres : ombres, reliefs et mouvements sont au rendez-vous.

Par exemple, sur *Second Life*, une charmante jeune fille – virtuelle – munie d'ailes de papillon vend dans une galerie – virtuelle – des objets – réels – payés en vrai argent et qu'on peut acquérir chez soi. On peut aussi y suivre des nouvelles réelles du monde réel dans une agence virtuelle – en l'occurrence l'agence Reuters. La réalité mixte constitue ainsi une porte ouverte sur le réel autant que sur l'imaginaire.

Cette complexité nécessite bien sûr que nous l'apprivoisions. Mais comment nous y prendre ? En pratique, nous ne nous posons pas la question et opérons toujours de la même manière. L'être humain apprivoise ses expériences du monde et se les approprie en les rappelant, les variant et les combinant. Selon les cas et son tempérament, il en fait alors des discours, des images, plus rarement des spectacles vivants.

Cela prend du temps, et même plusieurs temps ! Tout d'abord, bien sûr, nous nommons pour nous-mêmes et nos proches ce que nous avons vu, entendu et compris. Ensuite, nous nommons les émotions que nous avons ressenties, au moins celles que nous avons pu identifier. Nous évoquons aussi les idées qui nous sont venues, réalistes ou non, et si notre interlocuteur nous est assez proche, nous pouvons aussi raconter les souvenirs que la fiction nous évoque, ou même les fantasmes ou les rêveries intimes qu'elle suscite. Enfin, faire tout cela une seule fois ne suffit souvent pas. Nous avons besoin de nous familiariser avec l'expérience nouvelle en tournant en quelque sorte autour d'elle, en explorant ses différents aspects, en les confrontant à ceux que nos divers interlocuteurs mettent en avant. C'est à cette condition seulement que l'expérience, qui est toujours réelle, qu'elle soit de fiction ou de réalité, peut être intégrée à notre vie psychique de telle façon qu'elle devienne utilisable dans les diverses circonstances de la vie.

On comprend alors l'importance que prennent les conversations autour des espaces virtuels dans la vie sociale de beaucoup de ses utilisateurs. En racontant une séquence d'un film ou d'un roman qui met en scène un personnage de fiction, nous nous réapproprions ce que nous y avons projeté tout en nouant des liens avec ceux auxquels nous en parlons. Parler d'un film que nous avons vu à quelqu'un, c'est toujours faire d'une pierre deux coups : porter un autre regard sur ce film, et nous sentir plus proches de cette personne. En parlant de nos avatars, c'est-à-dire des joies et des déceptions qu'ils nous procurent, nous faisons de même.

II

Double clic et plus si affinités : les nouvelles façons d'être ensemble

Tout le monde connaît le succès rapide des blogs, dont cinquante millions ont été créés dans le monde depuis 2004 [1]. Mais les technologies de l'information et de la communication ont aussi suscité la création d'un grand nombre de sites de rencontres et de socialisation : *Second Life* est l'un d'entre eux, comme MySpace ou Facebook – qui compte vingt-cinq millions d'inscrits à ce jour –, sans compter les sites dédiés aux rencontres de couples, comme Meetic.

Tous ces espaces ont un point commun : l'usager est invité à construire son profil, à partager ses centres d'intérêt, à échanger des propos, des photos, des vidéos… et plus si affinités.

Ces espaces apportent leur lot de satisfactions inédites en permettant à chacun de se sentir à la fois unique et connecté à un grand nombre d'« amis ». Mais ils produisent aussi leurs déceptions. C'est que le virtuel constitue une forme de relation à part entière avec ses règles et ses stratégies propres, qui rendent parfois le passage au réel diffi-

1. *Le Monde*, 7 octobre 2007.

cile. Certains résolvent d'ailleurs ce problème en renonçant à utiliser l'un de ces mondes pour accéder à l'autre. Ils s'installent dans deux vies parallèles, l'une avec des partenaires réels dans le réel, et l'autre avec des partenaires réels dans le virtuel. Ils disent éprouver dans les deux mondes les mêmes émotions et les mêmes surprises. Rien ne semble leur manquer dans le virtuel, même pas le corps de l'autre…

Mais les mondes numériques ne bousculent pas seulement le couple et la famille. Ils créent aussi de nouvelles dynamiques sociales autour des images, de l'intimité et de la connaissance.

4

La nouvelle Carte de Tendre

Pendant l'été 2007, la campagne publicitaire du site de rencontres en ligne Meetic avait pour slogan : « Les règles du jeu ont changé. » Pour Meetic, cela signifiait bien sûr que tout est plus facile aujourd'hui. C'est à voir ! La rencontre amoureuse ne connaît peut-être plus les mêmes écueils, mais elle en connaît d'autres. Au XVIIe siècle, Madeleine de Scudéry a imaginé une « Carte de Tendre » pour rendre visibles les stratégies et les impasses de l'amour. Si on devait dessiner la Carte de Tendre de nos amours d'aujourd'hui, elle serait bien différente !

Quand tout finit lorsque tout commence

Tout commence toujours par une rencontre. « Dans l'ancien temps » – c'est-à-dire avant Internet –, elle passait par un regard, un geste, une complicité. Madeleine de Scudéry avait imaginé plusieurs chemins complexes qui mènent de cette première manifestation d'intérêt jusqu'à la flamme déclarée.

Pour elle, le chemin le plus rapide de l'amour était l'« inclination », ce que nous appellerions aujourd'hui le « coup de foudre ». Il n'a besoin de rien d'autre pour aboutir que lui-même, c'est pourquoi la Carte de Tendre le représente par un fleuve rapide qui emmène aussitôt au but. Mais deux autres chemins sont également possibles : la tendresse qui se développe lentement à partir d'une reconnaissance partagée, et celle qui se construit, plus lentement encore, à partir d'une estime réciproque. L'estime peut en effet mener à la tendresse. Pour Mlle de Scudéry, c'est affaire d'« esprit », autrement dit de « billets doux », de « jolis vers » et autres « billets galants ». Aujourd'hui, les SMS et les e-mails peuvent remplir le même rôle. Le risque est que si l'inclination n'est pas partagée, le prétendant se lasse : négligence, tiédeur, indifférence et oubli sont alors au rendez-vous. Ceux qui développent d'abord cette tendresse « par estime » ne sont pourtant pas au bout de leurs peines. Ils ont ensuite à accomplir le chemin vers la tendresse « par reconnaissance ». Et il n'est pas moins semé d'embûches ! L'orgueil, l'indiscrétion, voire la méchanceté, peuvent là aussi tout faire échouer.

Aujourd'hui, bien sûr, les choses ne se passent plus guère ainsi. La moitié des rencontres des trentenaires se fait, paraît-il, sur Meetic, et si on y ajoute celles qui se font sur d'autres sites de rencontres, la moitié est largement dépassée, sans compter que ce mouvement semble s'accélérer rapidement. C'est ainsi que, à l'heure de la pause déjeuner, dans les restaurants qui bordent la place du parvis de la Défense à Paris, on peut croiser de curieux couples. Ils semblent bien se connaître, mais paraissent gênés de se regarder et de se parler.

Un peu d'attention portée à leurs échanges montre que ces couples se sont rencontrés dans des espaces virtuels comme Meetic. Ils ont ensuite décidé de « se voir pour de vrai » parce que leurs centres d'intérêt leur semblaient converger : passion partagée pour la musique classique ou le rock, les échecs ou le cheval, la cuisine provençale ou les restos chinois. Le problème est qu'ils se sont tant parlé sans se voir qu'il leur paraît incongru de continuer à se raconter les mêmes choses maintenant qu'ils se voient. Il faudrait pouvoir se dire autre chose, mais quoi ? Ou bien il faudrait pouvoir se retrouver dans un autre espace qu'au restaurant pour une rencontre sensuelle, et consensuelle. Mais ce serait courir le risque que l'illusion de l'accord parfait brodé dans le virtuel se trouve soudain brisée.

Bref, plus les tourtereaux se sont sentis proches *via* Internet et plus ils hésitent à se rapprocher dans la réalité. Comment gérer la rencontre quand les préliminaires sociaux n'ont engagé que le texte des paroles échangées et rien d'autre ? Comment oublier tout ce qui a été dit et se rendre soudain sensible à l'imprévu d'un regard, d'un sourire, d'un frisson ? Quand on a déjà échangé tant de choses sans jamais se caresser du regard et se frôler de la voix, par où continuer ? Recourir à la séduction donnerait l'impression de jouer à ceux qui ne se connaissent pas. Mais décider de passer à l'étape suivante, celle de la rencontre sexuelle, ne pose pas moins de problèmes : les rituels préliminaires qui apprivoisent les corps et les encouragent à se faire confiance n'ont pas eu lieu. Du coup, la rencontre sexuelle, pourtant pensée comme un aboutissement logique, ne peut être que redoutée. Il faudrait reprendre les choses dès le début, mais, pour cela, commencer par accepter l'idée que se rencontrer à travers un site Web n'est peut-être pas ce qu'il y a de mieux. Sur Internet, chacun n'a en effet affaire qu'à des petits bouts de l'autre, à des fragments, à ce que nous appellerons dans ce qui suit des « objets partiels ». Bien sûr, parfois, ça marche : le couple se revoit et convole en justes noces, provisoires ou définitives. Mais deux autres situations peuvent aussi se présenter, qu'on peut désigner comme un défaut de réel, ou au contraire un excès.

Commençons par le sentiment que le réel fait défaut. Il se produit quand l'autre, impressionné par le regard posé sur lui et l'enjeu de la rencontre, se tient en deçà de ses confidences virtuelles. Il est là, en chair et en os, et pourtant comme en retrait. La retenue par rapport aux échanges en ligne n'est pas compensée par une présence physique satisfaisante. La rencontre échoue. Chacun décide de retourner à son ordinateur jeter un nouvel hameçon.

L'excès de réel est exactement à l'opposé. Cela se produit lorsque la rencontre recueille les fruits de tout le travail de l'imagination qui l'a précédée. Le candidat à la rencontre désire si fort y croire qu'il est comblé. Le risque est alors qu'il déplace sur le partenaire élu toutes les attentes dont son imaginaire s'est nourri, au point de perdre le sentiment de la réalité. La relation « flambe » !

Le Miroir du Soliloque et le Parloir des Étrangers

Sans même s'en rendre compte, les prétendants d'aujourd'hui ont ajouté à la Carte de Tendre imaginée par

Mlle de Scudéry deux dangers qu'elle n'avait pas imaginés : le « Miroir du Soliloque » et le « Parloir des Étrangers ».

Le Miroir du Soliloque correspond à la tentation de ne chercher que la rencontre avec soi à travers tous les appels lancés à l'autre. C'est la maladie du « moi, je », la consécration d'un espace où l'autre n'est invité qu'à me renvoyer l'image de moi que j'attends. Alors que dans la vie cette posture est difficile à tenir longtemps, Internet la favorise. Pour entrer en contact, chacun est en effet invité à fabriquer un espace personnel associant des textes, des photos, des musiques… Le but est d'intéresser l'« absent », de lui faire signe, de l'amener à soi. La quête amoureuse sur Internet relève plus de la posture du pêcheur qui jette son hameçon que de celle du chasseur qui tente de suivre la proie qu'il a entrevue. Ces deux postures ne peuvent pas être attribuées à un sexe plutôt qu'à l'autre : dans les mondes virtuels, les hommes et les femmes sont invités de la même façon à créer leur « page perso » comme un reflet de l'identité qu'ils veulent offrir à l'échange.

Le problème est que cette description de soi est biaisée parce que formatée à travers des indications du genre « votre morceau de musique préféré » ou « votre roman de l'été ». Le moi mis en fiches est aussitôt un moi aseptisé qui ne correspond guère à la réalité. Non seulement il se cale sur l'idée que chacun se fait de lui-même, voire qu'il désire en donner, mais en plus il doit se couler dans un moule conçu par les créateurs du site.

Le second écueil qui guette les adeptes des espaces de rencontres en ligne pourrait s'appeler le « Parloir des Étrangers ». Dans la vie courante, l'éveil amoureux passe souvent d'abord par un regard, un geste, une posture – encore des objets partiels ! –, et c'est seulement ensuite qu'on commence à se parler. Et tout le temps qu'on se parle, la séduction continue à passer par les regards, les mimiques, les attitudes… Aujourd'hui, sur Internet, des gens qui ne se voient pas se parlent pour essayer de savoir si cela vaut la peine de se rencontrer. À croire qu'il suffirait de parler de soi et de questionner l'autre sur lui pour se désirer. C'est évidemment un leurre. Le Parloir des Étrangers est l'espace dans lequel s'enferment certains internautes qui décident de communiquer longtemps à distance afin de réduire les risques de rencontrer quelqu'un qui leur déplaise. Mais c'est exactement le contraire qui se passe. Car la rencontre réalisée par Internet interposé est une fausse rencontre. Rien n'y met notre corps en éveil et en appétit. Ni les odeurs de l'autre, ni le frémissement de ses narines, ni le rythme et l'amplitude des battements de ses cils, ni sa façon de croiser ou non les jambes, de marcher, de se cambrer légèrement à certains moments, bref, rien de cette multitude de petits signes susceptibles de déclencher le trouble et finalement, on ne sait comment, l'alchimie du désir.

Qu'on considère la dimension biochimique du corps – comme le font les neurobiologistes – ou son pouvoir infini de mobiliser du désir à partir de « petits riens » – comme le font les psychanalystes –, le résultat est le même. Cette façon de « se rencontrer » est forcément décevante. Il y manque la dimension physique, intuitive – pour ne pas dire animale – du désir amoureux.

L'embarras réel du choix virtuel

Une dernière difficulté guette les adeptes de la nouvelle Carte de Tendre. L'exploration des sites de rencontres ouvre tant de possibilités que la tentation est grande de faire sien l'adage : « Un(e) de perdu(e), dix de retrouvé(e)s ! » L'internaute confronté à une infinité de fiches est tenté d'en suivre plusieurs à la fois afin de parer au risque de courir un seul lièvre et de le rater. Il programme plusieurs rencontres en même temps et rêve parfois déjà à la suivante au moment où il devrait consacrer toute son attention à faire réussir celle qu'il a sous les yeux. À tel point que pour rendre compte de la façon dont chacun gère cette première rencontre, ce n'est pas une Carte de Tendre qu'il faudrait, mais un atlas !

Sur le parvis de la Défense ou ailleurs, au café ou au restaurant, il y a toujours entre ces nouveaux couples comme un flottement. L'un et l'autre se disent au fond d'eux-mêmes : « Il (ou elle) ne sait pas la chance qu'il (ou elle) a de me rencontrer. Et d'ailleurs, si elle (ou il) ne s'en rend pas compte, j'ai d'autres cartes dans ma manche ! » Et en même temps, chacun des deux prétendants a de la peine à imaginer que l'autre se trouve exactement dans la même situation que lui. À la moindre frustration, il est prêt à se précipiter ailleurs en pensée, vers un autre usager d'un site de rencontres, toujours avec le même rêve, celui du coup de foudre programmé.

Bien sûr, toute rencontre établie de cette façon n'est pas condamnée à l'échec. Mais elle l'est probablement d'autant plus que les deux prétendants qui entrent en contact de cette façon ont vécu, auparavant, des rencontres plus traditionnelles. C'est en effet la nostalgie d'une première étape de séduction corporelle qui, à mon avis, handicape ceux qui se retrouvent ainsi. Mais pour les nouvelles générations qui auront 30 ans dans quinze ans, ce handicap sera probablement moins préoccupant. Quoi qu'il en soit, le site de rencontres en ligne qui saura proposer un mode d'emploi du premier contact *live* aura un franc succès, tant la demande est grande... même si les conseils donnés ne sont pas forcément suivis d'effets !

Toucher à distance

Si les technologies nouvelles sont pleines de pièges pour ceux qui veulent s'y rencontrer, leur utilité est indiscutable pour ceux qui veulent éviter la rupture [1]. Mélanie m'a pris comme témoin des astuces possibles dans ce domaine. Lorsque cette jeune femme se fait brutalement congédier au téléphone par son ami Francis, la rupture semble définitive. Elle ne voit pas comment le rappeler, terrorisée qu'elle est à l'idée d'entendre sa voix et de ne pas savoir comment se positionner. Si elle a Francis en ligne alors

---

1. Au Japon, qui passe pour le laboratoire des relations de l'avenir, les gens utilisent peu leur mobile pour se parler, et beaucoup... pour s'écrire. Comme la plupart de ces téléphones sont connectés à Internet, les messages ne sont plus de simples SMS, mais de longs e-mails. À tel point que plusieurs hôpitaux ont ouvert des consultations pour traiter les pouces déformés !

qu'il est occupé, il ne sera évidemment pas disponible à sa plainte, et s'il est disponible, ce sera pire encore : elle risque de lui dire tant de choses que la rencontre n'apparaîtra plus nécessaire, alors que ce qu'elle désire avant tout, c'est le voir ! Quant à l'idée de tomber sur son répondeur, elle est insupportable à Mélanie : elle craint de transmettre son trouble à la machine, sans espoir de corriger l'impression donnée par ses intonations. La honte !

Mélanie reste donc plusieurs jours dans cette indécision, se déprimant de plus en plus, et continuant à attendre de Francis un appel qui ne vient pas. En d'autres temps, une telle situation aurait peut-être tardé à trouver son dénouement, mais aujourd'hui, il existe MSN. Les deux amoureux, comme c'est courant aujourd'hui, avaient pris l'habitude de communiquer par ce moyen chaque jour depuis leurs lieux de travail respectifs. La première chose que fait Mélanie le lendemain, en arrivant à son bureau, est donc de regarder si son ami lui a bloqué l'accès de sa messagerie. Ce n'est pas le cas. Elle lui met aussitôt un message. Il répond dans la minute ! Ils décident de se voir « pour parler ».

Bien sûr, avant le règne de MSN, Mélanie aurait pu envoyer un courrier. Mais il est difficile d'écrire deux lignes sur une grande feuille blanche pour demander à se revoir, à moins de les écrire sur une carte de visite, ce qui serait pour le moins inadapté à la situation ! Face à la feuille blanche, je suis seul et désœuvré, et j'imagine volontiers mon interlocuteur aussi seul et désœuvré que moi lorsqu'il me lira. Du coup, chaque mot compte, et il en faut suffisamment pour ne pas donner à celui qui me lira l'impression que je n'ai pris que deux minutes pour lui écrire ! Au contraire, quand je pianote un message depuis mon lieu de travail, je sais que celui que j'aime est occupé, je m'en tiens à l'essentiel : le désir de le voir, et son avis sur ma proposition.

Mais préférer le clavier n'est pas seulement une manière d'éviter une confrontation vocale trop brutale. C'est aussi une façon de se caresser ! Le glissement des phalanges permet de laisser s'écouler son trouble, et en même temps de rêver le communiquer à l'autre. Mes doigts qui effleurent les touches ne se contentent pas de les presser légèrement pour former des lettres et des mots. Ils vibrent, ils tremblent. Et s'il n'y répondait pas aussitôt une vibration en retour de celui auquel je m'adresse, ils seraient comme frappés d'impuissance ou de colère : ils perdraient le toucher caressant pour adopter un autre rythme et une autre force, celui d'un parler colérique. Mais tant qu'ils s'adressent à l'être aimé – ou à l'inconnu(e) qu'on tente de séduire –, ils palpitent au rythme de mes émois. Mettre une lettre à la boîte, c'est toujours un peu jeter une bouteille à la mer : quand arrivera-t-elle ? Sera-t-elle lue ? La surprise, avec MSN, c'est que la légère pesée que j'exerce sur mon clavier m'est aussitôt rendue. Là-bas, où qu'il soit, l'être cher a reçu ma pression et me la restitue. Nous nous touchons par claviers interposés. Au moment même où le mouvement de mes doigts traduit pour moi-même mon empressement ou mon hésitation, l'effleurement des touches est déjà une manière de caresser l'être cher. La surface malléable du clavier est un peu l'équivalent de la zone sensible de l'aimé(e), celle par laquelle je lui communique mes émotions et mes pensées. C'est pourquoi, tôt ou tard, la consistance du clavier se rapprochera de celle d'une peau et sa surface s'adaptera à notre main. J'imagine le clavier de demain comme une surface continue où les touches seront noyées dans une matière évoquant la chair, couleur comprise, et au choix. Parce que le toucher est le sens qui nous semble le plus porteur de sincérité.

Mes amis sur Internet sont-ils vraiment mes amis ?

Les adolescents ont évidemment moins recours que les trentenaires aux agences de rencontres en ligne, mais on aurait tort de penser qu'ils n'utilisent pas les nouveaux espaces virtuels pour se rencontrer. Ils le font seulement différemment.

Alors que les adultes tentent de couler leurs émotions dans des formules verbales, les plus jeunes apprennent très tôt à utiliser des pictogrammes – les fameux *emoticons* – pour donner de la chair à leurs états d'âme. L'absence des corps s'y trouve partiellement compensée.

D'autres utilisent leurs blogs pour chercher des partenaires auxquels ils ne proposent rien d'autre qu'une relation sexuelle. Ce sont les annonces *fuck friend*, celles destinées à un partenaire d'un soir. Que des filles adoptent cette façon de faire étonnera peut-être. Mais il s'agit en réalité d'une stratégie plus que d'une philosophie de la vie : lorsqu'on a compris que l'approche virtuelle est un handicap pour les jeux de séduction qui préparent la rencontre sexuelle, il vaut mieux consommer cette étape… puis, si elle est satisfaisante, inventer les rituels de la séduction après coup !

L'ordre traditionnel des choses est inversé. Ce n'est plus le classique enchaînement « séduction, rapprochement, relation sexuelle », mais « échange *on line*, relation sexuelle... et plus si affinités ». C'est dans ce troisième temps que les rituels de séduction qui intervenaient traditionnellement au début trouvent alors leur place. Mais qu'importe la chronologie pourvu qu'on ait l'ivresse !

Les jeunes ne gèrent pas seulement autrement que les adultes les problèmes relationnels nouveaux posés par les technologies actuelles, ils ont aussi une façon différente d'utiliser celles-ci pour résoudre des problèmes relationnels traditionnels. C'est notamment le cas lorsqu'ils utilisent les messageries – genre MSN – pour mettre provisoirement entre parenthèses leurs corps et développer le langage des émotions. Les adultes ont souvent de la peine à le comprendre. Ainsi de ce père qui me disait craindre que son fils soit en manque de testostérone parce qu'il passait ses soirées entières à échanger avec sa copine sur MSN alors que les deux adolescents avaient la possibilité d'être ensemble dans la chambre de l'un ou de l'autre. « C'est ce que nous, nous aurions fait à leur âge, n'est-ce pas ? » ajoutait ce père d'un air entendu à mon égard... Il est vrai que l'attitude de son fils aurait pu passer il y a vingt ans pour le signe d'une inhibition prolongée. Mais les temps ont changé et, dans une culture différente, ce que les adolescents choisissent de vivre pour construire leurs repères est forcément différent.

Cette utilisation des nouvelles technologies n'est pas seulement le fait des jeunes qui se connaissent déjà. La protection de l'anonymat, qui est la règle dans les forums et les jeux vidéo, favorise parfois un engagement émotionnel qui va bien au-delà de ce dont sont capables ces mêmes jeunes dans la vie quotidienne. La règle tacite de ces intimités d'un nouveau genre n'est plus : « J'ai un ami, je peux tout lui dire en le regardant dans le blanc des yeux. » Ce serait plutôt, comme me l'expliquait une adolescente : « J'ai plein d'amis et je peux leur confier tous mes secrets parce qu'on ne se verra jamais ! »

On aurait tort, pourtant, de crier trop vite à l'impudeur. Les mêmes qui sont prêts à dévoiler leurs états d'âme à des inconnus répugnent souvent à montrer leur visage. Les adolescents sont prêts à prétexter mille et une raisons pour ne pas brancher la Webcam dont sont munis la plupart des ordinateurs, même lorsqu'ils communiquent avec des familiers. Les plus grands invoquent volontiers qu'elle est cassée, tandis que les plus jeunes se retranchent derrière une interdiction parentale, au besoin inventée.

C'est que les adolescents, malgré leurs provocations qui peuvent laisser croire qu'ils sont impudiques, ont une relation terriblement ambivalente au regard que les autres portent sur eux : regardés, ils se sentent vite agressés, tandis qu'ignorés, ils ont l'impression d'être abandonnés ! Le remède à cette ambivalence s'appelle MSN et toutes les messageries en ligne du même type. Avec elles, le corps à corps est écarté tandis que chacun tente d'inventer les mots propres à faire partager ses émotions et ses sentiments.

Les parents ont fabriqué le poison d'une pornographie insidieuse qui envahit jusqu'aux panneaux publicitaires de nos villes, il ne restait plus aux jeunes qu'à inventer le contrepoison : c'est ce qu'ils ont fait en développant un usage d'Internet que rien ne laissait prévoir. Dans une société où tout invite à une sexualité précoce, ils tentent de retrouver le langage des émotions.

Bigamie virtuelle

Nous désirons tous deux choses à la fois : être seuls, mais pas trop, être ensemble, mais juste assez ! Cette ambivalence commence dès que le bébé sait se déplacer à quatre pattes. Nous savons en effet aujourd'hui que le développement psychique d'un nouveau-né passe d'abord par la création d'un lien sécurisant avec un adulte proche, et que c'est l'assurance de ce lien qui lui permet de s'éloigner pour explorer le monde. Cette intuition avait déjà été développée au début du XXe siècle par le psychanalyste Imre Hermann [1], mais c'est à Bowlby [2] qu'il revient d'en avoir exploré toutes les conséquences. Cet auteur a développé l'idée d'une sécurité psychique de base constituée dans la petite enfance, qui permet plus tard de mieux surmonter les difficultés de la vie, voire d'éventuels traumatismes. L'enfant qui explore a besoin de pouvoir revenir vers son parent à tout moment pour que celui-ci le protège, le réconforte et l'aide à donner du sens aux sensations et aux perceptions nouvelles qu'il vient de découvrir. Et une fois grand, nous continuons... C'est pourquoi les allers et retours, dans les couples, ont

1. Hermann I., *L'Instinct filial* (1943), Denoël, 1972.
2. Bowlby J., *Attachement et perte* (1969-1980), PUF, 1978-1984 (3 tomes).

toujours existé. Ils sont parfois mal compris et donnent lieu à des scènes variées. Fâcheries, bouderies, réconciliations sur l'oreiller ou ailleurs, rythment la vie de la plupart de ceux qui ont fait le choix de vivre ensemble. Certains n'acceptent même une relation réelle qu'au prix de mettre en scène, leur vie entière, un départ imminent. Ainsi de ces femmes qui restent avec leur mari en le menaçant sans cesse de le quitter – c'est plus rarement les hommes – et qui en donnent pour preuve leur valise toujours prête sous le lit conjugal. Mais les technologies numériques donnent à cette ambivalence un nouveau visage. Après avoir permis à ceux qui se connaissent de communiquer à distance, puis à ceux qui ne se connaissent pas de se rencontrer, elles permettent maintenant à ceux qui le désirent de se séparer tout en restant ensemble…

Il paraît que Bill Gates, le génial cofondateur de Microsoft, a vécu de nombreuses années avec sa femme tout en étant séparé d'elle : le couple passait beaucoup de temps ensemble au téléphone, éteignant au même moment la lumière de leurs chambres respectives éloignées de plusieurs centaines de kilomètres, devisant ensemble au petit déjeuner, et allant même parfois voir les mêmes films le même soir, toujours dans leurs villes respectives, afin d'échanger leurs impressions en buvant un verre chacun de leur côté après la séance [1]. Si l'histoire est extrême, elle semble pourtant en voie de se banaliser : les « couples non cohabitants » sont de plus en plus nombreux. Il n'y a guère de différence aujourd'hui entre vivre et travailler à cinq kilo-

1. Ferraris M., *T'es où ?*, *op. cit.*

mètres de distance pour se retrouver chaque week-end et faire la même chose en étant éloignés de cinq cents kilomètres.

L'humanité se divisait jusque-là en deux groupes : ceux qui sont célibataires et rêvent de rencontrer leur prince (ou princesse) charmant(e) ; et ceux qui vivent en couple et pensent qu'ils seraient bien mieux tout(es) seul(e)s. Avec le virtuel, une solution se dessine : ils sont à la fois ensemble et séparés par choix, un peu comme d'autres le sont par la force des choses. Les uns et les autres forment une nouvelle catégorie dans laquelle il est difficile d'établir la proportion de ceux qui ont choisi librement cette situation et de ceux auxquels elle a été imposée, provisoirement ou définitivement.

Enfin, poussant cette logique à son extrême, certains font le choix de « vivre ensemble » sans jamais se rencontrer, ou plutôt sans jamais se rencontrer autrement que par les créatures qui les représentent sur leurs écrans. Ils peuvent passer de longues heures à parler ensemble, mais aussi aller danser dans des discothèques virtuelles, voyager dans des espaces qui n'existent qu'en images et même avoir des relations sexuelles par avatars interposés. Sur *Second Life*, certains décident d'officialiser leur union par un mariage virtuel dûment enregistré, avec cocktail – également virtuel – pour leurs amis.

Cela n'arrive pas qu'à des célibataires, à tel point que la justice américaine commence à s'intéresser à ces nouvelles situations de bigamie[1]. Sont-elles acceptables ? Justifient-

---

1. *Le Monde*, 28 août 2007.

elles à elles seules une demande de divorce ? Sans aller jusqu'à de tels extrêmes, le fait de rencontrer régulièrement un partenaire dans les mondes virtuels et de passer de longues heures – notamment nocturnes – avec lui est souvent vécu comme une forme d'infidélité par l'autre membre du couple, à moins qu'il n'en soit lui-même un adepte. Outre le fait de se sentir délaissé(e) au profit d'un(e) autre, ces situations mobilisent évidemment toujours l'inquiétude qu'elles cessent d'être « virtuelles » pour devenir « réelles ». Cela peut arriver, bien entendu, mais l'originalité de ce nouveau phénomène est de revendiquer la valeur pleine et entière des relations virtuelles. Des comportements qui étaient jusque-là considérés comme des préliminaires à une relation réelle deviennent leur propre but. Dans la psychanalyse traditionnelle, un tel choix était désigné comme « pervers »… Cette qualification est difficile à tenir face au virtuel dans la mesure où ces espaces ont leur propre logique. Les préliminaires dans le réel aboutissent en principe à des relations sexuelles réelles, soit. Mais n'est-il pas tout aussi cohérent que des préliminaires virtuels aboutissent à des relations sexuelles virtuelles ? Après tout, aucun psychanalyste n'a jamais défendu l'idée que des préliminaires imaginaires doivent aboutir à une relation sexuelle réelle ! C'est la même chose avec le virtuel : ni réel ni imaginaire, il est une catégorie qui peut évoluer vers l'un ou l'autre de ces deux côtés sans que rien ne permette de dire que l'un serait plus adapté que l'autre.

5

Ma famille, c'est Internet

Rayan déclare à ses parents qu'ils sont « moins vrais » pour lui que les inconnus qu'il fréquente sur Internet ! « C'est eux, dit-il, ma vraie famille. » Sa remarque est évidemment provocatrice, mais elle est pourtant juste si on prend le mot « famille » dans son sens figuré, comme un ensemble de personnes ayant des caractères communs. Telle est en effet la grande nouveauté de la famille aujourd'hui. Les personnes liées entre elles par le mariage, la filiation ou l'adoption y coexistent avec d'autres qui partagent les mêmes goûts et les mêmes centres d'intérêt sans cohabiter. Les premières se rencontrent dans un espace réel, celui de l'appartement ou de la maison familiale, et les secondes dans un espace virtuel. Mais ces deux formes de relation apparaissent à leurs protagonistes aussi vraies l'une que l'autre.

« Avec Internet, je n'ai plus besoin de maman »

Une jeune mère était désolée que son fils lui répète sans cesse : « Je n'ai pas besoin de toi, maman, tout est sur

Internet et je peux tout savoir tout seul. » J'ai expliqué à cette femme que son fils attendait beaucoup d'elle et que ses provocations étaient une manière de se mettre à l'abri de déceptions possibles. Cette histoire montre en tout cas deux choses : d'abord, c'est avec la mère qu'Internet est le plus volontiers mis en balance, et rarement avec le père. D'ailleurs, nous imaginons plus facilement à notre ordinateur une voix féminine que masculine. Mais cette histoire montre aussi que, réel ou imaginaire, le partenaire Internet – et, derrière lui, tous les êtres virtuels qui l'habitent – est devenu un habitant à part entière de la maison. Un partenaire qui efface, peu à peu, la frontière entre la vie en ligne et la vie tout court.

Un nombre de plus en plus important d'espaces du Web proposent de mettre en relation ceux qui partagent les mêmes préoccupations, habitent le même quartier[1] ou ont des projets de vacances identiques[2]. Ceux qui se rencontrent ainsi ont souvent le sentiment de faire partie d'une véritable communauté. C'est difficile à comprendre pour ceux qui ne sont pas familiers du virtuel, mais ces communautés sont parfois plus réelles pour ceux qui les partagent que leur environnement proche. « Internet m'apporte beaucoup de choses : de l'amitié, de l'amour, vivre en communauté », déclare un internaute. C'est ce qu'on pourrait appeler le « troisième âge des médias ».

Le premier a correspondu à la radio et à la télévision : la famille était invitée à écouter ou à regarder ensemble le

1. Comme Peuplade.fr ou Convivial.com.

2. Comme Coxoon.com.

même programme[1]. La multiplication des chaînes et des postes de télévision dans les différentes pièces de la maison nous a fait entrer dans le deuxième âge des médias : chacun était invité à retrouver des familles imaginaires avec lesquelles il communiquait le temps de ses programmes préférés, qu'il s'agisse de matchs de foot ou d'émissions littéraires. Mais ces « familles » restaient non interactives. Aujourd'hui, la troisième phase est arrivée : Internet ne permet pas seulement de se rêver une famille, il invite chacun à se la créer et à interagir avec ses autres membres… parallèlement à sa famille réelle.

Du coup, la traditionnelle crise d'adolescence s'est transformée. Pendant longtemps, elle se manifestait par le fait que les enfants cherchaient leurs parents pour les provoquer : ils affichaient des coiffures et des modes vestimentaires qui faisaient se hérisser les cheveux sur la tête de leurs géniteurs, et ils envahissaient volontiers la maison avec leurs musiques agressives. Aujourd'hui, leurs écouteurs sur les oreilles, ou barricadés dans leur chambre jusqu'à des heures tardives, ils mènent une vie parallèle tout en continuant à profiter des deux « mamelles » de la maison familiale, le réfrigérateur – qu'ils utilisent souvent – et la machine à laver – qu'ils n'utilisent jamais. Leur crise n'est pas moins dramatique, mais ils ne la jettent plus au visage de leurs parents comme dans le célèbre film *La Fureur de vivre*[2]. Ils la vivent dans des rencontres et des communautés virtuelles où ils entrent par MSN, chats et jeux vidéo inter-

1. Voir Missika J.-L., *La Fin de la télévision*, Le Seuil, 2006.
2. Film de Nicholas Ray, 1955.

posés. Bien sûr, la crise y est masquée plus que résolue. Et c'est bien souvent quand des parents tentent de s'immiscer dans ces nouveaux territoires qu'ils se trouvent soudain au centre des attaques de leurs rejetons. Quiconque a essayé de priver un adolescent de son accès habituel à Internet le sait bien. C'est d'ailleurs ce qui décide certains parents à prendre un rendez-vous familial chez un psy...

Être là sans y être

Ce n'est pas tout à fait vrai de dire que la crise d'adolescence se vit aujourd'hui sur Internet plus que dans la famille. Car le jeune dispose d'une machine qui lui permet d'être en famille sans y être, c'est son téléphone mobile. Grâce à lui, l'adolescent continue à profiter des avantages de la maison familiale tout en affichant la supériorité de ses liens avec ses camarades sur ceux qu'il entretient avec ses parents. La main collée sur l'oreille, il s'affiche ailleurs, mangeant fort – au moins pour les garçons – et parlant peu.

Isa m'avait été adressée pour plusieurs tentatives de suicide. Elle refusait de parler et je l'avais reçue avec ses parents. Pendant que ceux-ci me racontaient son histoire, Isa portait sans cesse un mouchoir en papier à ses yeux et à son nez. Elle ne paraissait pas pleurer, mais elle avait tôt fait de transformer son mouchoir en boulette à force de le triturer. Alors, elle se levait et le jetait dans la corbeille à papier qui se trouvait dans un coin de la pièce. Elle s'éloignait ainsi physiquement de notre cercle. À la cinquième fois, sa mère lui demanda de rester assise. Isa plongea à nouveau la main dans sa poche... et en ressortit son mobile ! Dorénavant, elle ne se leva plus de sa chaise, mais se détourna ostensiblement de ses parents toutes les deux minutes pour regarder l'écran de son téléphone... Elle n'était plus avec nous. Elle était ailleurs.

En fait, le problème vient souvent d'abord des parents. Rappelons-nous que les enfants ne font que présenter à ceux-ci un miroir caricatural de leurs comportements. En répondant au téléphone pendant les repas, ils incitent leurs enfants à les imiter aussitôt qu'ils sont en âge de pouvoir le faire. Pire encore, certains d'entre eux croient bien agir en offrant précocement un mobile à leur progéniture. À leurs yeux, ils ne manquent pas de raisons : crainte que l'enfant fasse de mauvaises rencontres, qu'il traîne en route... ou même qu'il oublie de penser à sa maman ou à son papa ! Car la vérité est bien là : les parents qui offrent un téléphone mobile à leur enfant le font d'abord... pour eux-mêmes. Le drame est qu'en agissant ainsi, ils l'incitent à leur insu à devenir une sorte d'« enfant à la ficelle ». Les parents n'ont pas la possibilité d'attacher une corde à la cheville de leur rejeton pour le ramener vers eux à volonté, mais ils rêvent que le téléphone mobile qu'ils lui offrent joue le même rôle. En se donnant la possibilité de le joindre à tout moment, ils pensent qu'ils contrôleront l'endroit où il se trouve, ses activités, voire ses relations. Et l'enfant le comprend bien ainsi, avec le risque qu'il réponde par un silence total sur ses activités. Il ne suffit pas d'avoir dans la poche un mobile offert par les parents pour leur dire où on est. Le jeune accepte le cadeau... et appelle le monde entier à l'exception de ses parents.

L'achat est pourtant justifié, tout au moins à partir de l'entrée au collège. Mais c'est à condition que les parents le fassent pour permettre à leur enfant de s'éloigner d'eux dans de meilleures conditions, et pas du tout pour être informés « en temps réel » sur ses faits et gestes. Tout parent qui décide d'offrir un mobile à son enfant doit aussitôt faire sien le proverbe « Pas de nouvelle, bonnes nouvelles ! ».

En plus, on aurait tort de croire que l'adolescent réserve cette forme de présence absente à sa vie familiale. Avec ses camarades, c'est un peu la même chose. La règle générale du nouveau fonctionnement relationnel est qu'on puisse se dégager à tout moment. Le retrait impromptu, partiel ou total, n'est pas seulement la règle que les enfants imposent à leurs parents, mais aussi celle qui régit leurs relations avec les membres des familles symboliques ou réelles qu'ils se choisissent. C'est ainsi que beaucoup d'adolescents qui désirent parler des problèmes de leur « vraie vie » préfèrent se retrouver dans des jeux vidéo en réseau plutôt que sur MSN. Lorsqu'on leur demande pourquoi, leur réponse est toujours la même : « Quand on n'a plus envie de se parler, on fait quelque chose ensemble, comme attaquer un donjon. » Du coup, ces jeux sont infinis : quand on est lassé ou inquiet de parler de choses trop personnelles, on peut faire quelque chose ensemble… puis reprendre la discussion – ou une autre. Les sujets sensibles sont ainsi évités de façon discrète.

Parfois, cette attitude aboutit à des situations moins facilement réversibles. Un jeune homme me racontait ainsi que son amie, pour le décider à se marier, lui avait dit : « Ne t'inquiète pas, on peut divorcer du jour au lendemain. » L'argument l'avait convaincu. Mais deux ans plus tard, quand il avait rappelé le conseil à celle qui était devenue entre-temps son épouse, et dont il voulait divorcer, elle ne l'entendait plus de cette oreille…

La famille à la mode de Tintin

Le héros de Hergé, c'est bien connu, n'a pas de parents. Ou, tout au moins, il faut l'espérer pour eux, car non seulement il ne leur écrit ni ne leur téléphone jamais, mais il n'évoque même jamais leur existence. En revanche, Tintin se constitue une famille au fur et à mesure de ses aventures. Ainsi rencontre-t-il les Dupondt au Moyen-Orient, la Castafiore en Syldavie, le capitaine Haddock au large du Maroc et Tournesol au milieu de son bric-à-brac. C'est qu'à l'époque de Hergé, les aventures étaient réelles et conduisaient dans le vaste monde. Aujourd'hui, elles sont volontiers virtuelles. Certains retrouvent ainsi chaque soir une bande de « copains » avec lesquels ils échangent des adresses de sites intéressants, à moins qu'ils ne décident de les explorer ensemble – un peu comme on préfère aller au cinéma ou en voyage à plusieurs plutôt que seul. Sur certains sites de rencontres, chacun est d'ailleurs défini par son réseau d'« amis » autant que par ce qu'il indique de lui-même. Ces « amis » sont tout ce qu'il y a de plus virtuel, puisque vous les sélectionnez d'après leurs caractéristiques et que vous ne les avez jamais rencontrés. Mais, fantasmatiquement, ils constituent une sorte de famille qu'on s'est choisie. À tel point qu'être « fils ou fille de… » compte moins aujourd'hui, pour certains adolescents, qu'être en « lien » avec des amis virtuels.

Du coup, le traditionnel « roman familial » est en train de se modifier. Rappelons que Freud désignait sous cette expression la tendance de la plupart des enfants à s'imaginer nés de parents différents de ceux qui s'occupaient d'eux. C'était, nous expliquait-il, une façon de résoudre leur ambivalence. Les enfants qui éprouvaient à la fois un amour et une haine extrême pour leurs parents réservaient le premier à leurs géniteurs inconnus et la seconde à leurs père et mère proches. Ces parents inconnus étaient évidemment imaginés sur mesure pour bénéficier de cet amour sans ombre : généreux, riches, célèbres… Au contraire, toute l'amertume était réservée aux parents réels, auxquels, dans l'imagination de l'enfant, ce titre même était refusé. Le roman *Sans famille*, d'Hector Malot, nous raconte cette histoire à la façon du XIXe siècle : les parents réels y sont évidemment nobles, et le jeune Rémi finit par les retrouver à la fin d'un périple éprouvant qui est un véritable voyage initiatique. Tout est bien qui finit bien.

Le roman familial a eu une importance si grande qu'on en trouve la trace dans de nombreuses œuvres romanesques[1]. En revanche, tout a une fin, et on serait bien en peine de le percevoir aujourd'hui dans le parcours des enfants. D'ailleurs, *Sans famille*, qui a encore passionné les lecteurs nés dans les années 1970, n'a pratiquement plus aucun écho aujourd'hui. C'est que les dernières technolo-

1. Robert M., *Roman des origines et origine du roman*, Gallimard, 1981.

gies ont apporté bien mieux à la nouvelle génération : la possibilité de se constituer une famille sur mesure ! Aujourd'hui, les enfants ne rêvent plus à une famille idéale, ils se la fabriquent. Mais gardons-nous de croire, dans ce domaine comme dans les autres, que les enfants inventeraient des comportements radicalement nouveaux qui disqualifieraient leurs parents. Alors que le roman familial était bien une invention de l'enfance, le goût de la famille virtuelle affecte souvent les parents avant de se propager à leurs rejetons. Répétons-le encore une fois : en matière de relations familiales, ce sont les parents qui montrent le chemin, même s'ils y sont ensuite dépassés par leurs enfants.

Une enquête européenne a montré que dans les familles où il existe une connexion Internet à haut débit, les activités pratiquées sous le même toit sont en diminution [1] et que cela concerne toutes les générations. On y va moins au cinéma [2], on parle moins ensemble autour de la table de la cuisine [3] et les parents emmènent moins leurs enfants au jardin public [4]. De la même façon, les activités extérieures qu'on peut pratiquer avec des amis sont en baisse [5]. En

---

1. Enquête européenne réalisée par l'institut Bentchmark, 2005.

2. 37 % des personnes interviewées y vont moins contre 13 % qui y vont plus.

3. 27 % des personnes interviewées parlent moins contre 13 % qui parlent plus.

4. 33 % des personnes interviewées jouent moins contre 10 % qui jouent plus.

5. 31 % des personnes interviewées vont moins au café contre 11 % qui y vont plus.

revanche, les parents communiquent plus souvent et plus longtemps avec leurs propres parents et leurs frères et sœurs éloignés, que ce soit par Internet ou par téléphone. Pour ce qui concerne celui-ci, les communications se font souvent au moment des repas, lorsque chacun est à peu près sûr de pouvoir joindre ses interlocuteurs. L'usage des moyens actuels de communication favorise donc une socialisation moins tributaire de la proximité géographique. Chacun passe plus de temps avec les personnes éloignées et moins de temps avec ceux dont il est physiquement proche. Mais quand les parents décrochent leur téléphone à table, les enfants en tirent rapidement la leçon : ils feront comme eux, c'est décidé ! Les parents donnent la règle du jeu, puis les enfants la suivent… en grossissant le trait.

Dans beaucoup de familles que je reçois où les parents s'inquiètent de la fréquentation excessive du Web par leur adolescent, je retrouve cette situation. Et, chaque fois, je regrette que ces parents n'aient pas consulté plus tôt. Il est vrai que, parfois, leur modèle ne doit rien à la place des nouvelles technologies dans leur vie et tout à leur fidélité aux traditions familiales. J'ai eu plusieurs fois à m'occuper d'adolescents que leur baby-sitter avait fait dîner pendant dix ans à 7 heures du soir, tandis que les parents rentraient de leur travail à 21 heures et dînaient ensemble pendant que l'enfant faisait ses devoirs. Le plus étrange est que ces parents s'étonnaient que leurs enfants ne leur parlent pas et réservent leurs confidences à des inconnus rencontrés sur Internet. Mais leurs parents étaient-ils autre chose pour eux que des inconnus ?

Des maîtres virtuels

Si les enfants reproduisent souvent les attitudes parentales jusqu'à la caricature, il y a un domaine où ils innovent, incontestablement : c'est dans leur désir de rencontrer sur la Toile non seulement des camarades de leur âge, mais des maîtres ! En fait, tout a commencé avec les *Pokémons*. Quand ce jeu est apparu, beaucoup de parents ont pensé que ce serait gaspiller leur intelligence que d'en consacrer la moindre parcelle à s'y intéresser. Ils ont donc laissé leurs enfants s'en débrouiller, et ceux-ci l'ont fait d'autant plus facilement que le concepteur du jeu avait prévu cette situation. Dès qu'il allumait sa console, l'enfant était pris en charge par un maître virtuel qui se proposait de l'aider, le « professeur Cheng ». Ainsi apparut le premier guide virtuel de nos enfants, chargé à la fois d'expliquer les règles, de dispenser les indispensables conseils permettant de déjouer les difficultés et de guider l'enfant à chacune de ses étapes. Depuis, les jeux se sont considérablement compliqués, mais le principe du maître et tuteur virtuel s'est généralisé.

Dans beaucoup de jeux vidéo d'aventures, il y a un maître principal et des maîtres secondaires. Le premier correspond au profil choisi au départ par le joueur – par exemple guerrier, mage ou nécromancien –, tandis que les seconds relèvent des diverses compétences qu'il décide ensuite de privilégier – par exemple dans le tissage des vêtements, la cordonnerie, la fabrication d'armes ou le commerce. Ces maîtres encouragent le joueur, le conseillent et évaluent son évolution d'une façon qui s'apparente à une véritable initiation. Le joueur y a en effet moins affaire à des professionnels qui enseignent un métier qu'à des tuteurs qui expliquent comment se comporter dans la vie pour réussir. Le joueur est ainsi invité à revenir régulièrement auprès d'eux pour vérifier la progression de ses capacités, apprendre de nouvelles choses, mais aussi vérifier qu'il n'a pas fait d'erreur relationnelle ou stratégique. Si tel est le cas, le moyen lui est donné de les réparer. Dans *World of Warcraft*, par exemple, le joueur qui a accepté de ramasser des plantes vénéneuses pour le compte d'une puissance des ténèbres se voit proposer par son maître d'apporter à celle-ci un cadeau empoisonné qui la transforme en crapaud ! Comme quoi l'humour n'est pas absent de ces jeux, contrairement à ce que les parents pensent trop souvent. Ainsi, au fur et à mesure de son initiation, le joueur augmente ses pouvoirs, et cela aussi bien en habileté, en force et en intelligence qu'en compétences sociales.

Mais tous les maîtres sollicités dans les jeux vidéo ne sont pas virtuels. Par exemple, Christophe me déclare qu'il aime beaucoup les jeux en réseau « parce qu'on y rencontre des gens plus mûrs que soi ». Pourtant, cet adolescent sait bien que les compétences des jeux vidéo n'ont rien à voir avec celles de la « vraie vie ». Un garçon de 13 ans peut par exemple avoir un grade très élevé tout en étant par ailleurs totalement inexpérimenté dans la vie, tandis qu'un cadre de 50 ans, plein d'expérience, peut jouer les éternels seconds dans un jeu ! Mais Christophe a envie de croire que son maître sur son jeu préféré est enviable en tout et qu'il est « plus mûr que lui » alors qu'il est peut-être âgé de 12 ans…

Les parents auraient tort de prendre ces nouveaux tuteurs pour des ennemis et ils seraient bien inspirés de les connaître un peu mieux. Ils prendraient alors conscience du désarroi où sont aujourd'hui beaucoup d'enfants. Car, contrairement aux générations précédentes, ceux-ci ne trouvent plus guère de maîtres ou de guides réels autour d'eux. Leur avenir est flou et ils perçoivent à juste titre leurs parents comme autant désemparés qu'eux face aux bouleversements du monde. Ce sont même parfois eux, les enfants, qui sont appelés à être les guides des adultes qui les entourent, notamment en termes de recettes pour paraître jeunes ou maîtriser les nouvelles technologies. C'est dire !

Des nouveaux rituels

Au moment où les rites de passage disparaissaient de la société et des familles, ils apparaissaient sur Internet. Bref, là encore, les jeunes font preuve d'une excellente capacité d'adaptation – et de suppléance – aux carences de leur environnement. C'est ainsi qu'une fonction traditionnelle de la famille qui tombait en désuétude a été remplacée par des pratiques virtuelles.

Pour comprendre cette substitution, rappelons que les rites ont traditionnellement deux rôles. Tout d'abord, ils marquent nettement la transition d'un état à un autre en organisant un « avant » et un « après ». Ensuite, ils se déroulent selon un modèle stéréotypé qui associe souffrance, bravoure et triomphe. Le rituel est douloureux, celui qui l'a traversé a souffert, mais il est doublement récompensé : par le changement de son statut bien sûr, mais surtout par la reconnaissance de son mérite à avoir franchi les épreuves.

C'est tout cela qui a disparu dans la « vraie vie ». Aujourd'hui, dans nos cultures, le passage de l'enfance à l'adolescence, puis de celle-ci à l'âge adulte n'est plus symbolisé par rien. Les rituels religieux – comme la première communion et la communion solennelle – ont disparu, tout comme le conseil de révision, avec la visite collective au bordel qui lui succédait, et bien entendu le service militaire. De même, les épreuves diverses organisées dans les campagnes à l'occasion des fêtes de la Saint-Jean ou du solstice – comme la montée au mât – ont été abandonnées, tandis que les bizutages collégiens et universitaires sont interdits. Du coup, l'adolescence qui se terminait à 16 ans – sans parler du temps où elle n'existait pas – s'étend volontiers maintenant jusqu'à 25, voire au-delà !

Mais les jeunes continuent à éprouver le besoin de ritualiser et de symboliser les grandes transitions de leur vie. Alors, à défaut d'autres possibilités, ils le font à l'aide des images qui les entourent. Les jeux vidéo, qu'ils soient pratiqués solitairement ou en réseau, sont l'un de ces nouveaux rituels. Le joueur s'y engage dans une procédure de reconnaissance d'autant plus importante qu'il est parfois difficile d'être accepté par ses pairs si on n'a pas atteint un niveau suffisant dans certains jeux cultes. Non pas que tous les groupes de jeunes imposent à leurs membres de telles performances, mais il suffit que quelques membres admirés du groupe réussissent certains jeux pour que les autres veuillent les réussir aussi bien pour rivaliser avec eux.

Ces pratiques impliquent en outre de plus en plus les filles… qui les intègrent parfois dans de nouveaux rituels amoureux. En devenant habiles dans certains jeux, elles captent plus facilement l'attention des garçons, et surtout leur respect. Jouer à certains jeux constitue pour elles non seulement une activité personnelle, mais aussi une manière de séduction. Est-ce dangereux ? Non, ce serait même plutôt rassurant ! Il vaut mieux qu'un groupe définisse ses rituels initiatiques en termes de performances virtuelles plutôt que d'épreuves réelles. Reconnaître la valeur initiatique des jeux vidéo, et au besoin l'encourager, c'est faire porter sur une expérience ludique les enjeux d'un rituel dont les jeunes ont besoin. Et c'est éviter qu'ils soient tentés de s'imposer des épreuves réelles, d'une manière qui pourrait être bien plus dangereuse pour les autres et pour eux-mêmes.

Des jeux éducatifs… pour les parents

La vie des adolescents se place aujourd'hui sous deux régimes bien distincts[1]. D'un côté, ils peuvent choisir leurs vêtements, leurs musiques, les radios qu'ils écoutent, les sports et les jeux auxquels ils s'adonnent. Les parents leur abandonnent d'autant plus facilement ces choix qu'ils pensent que leurs enfants y développent leurs goûts et leur personnalité, mais d'une façon qui n'engage pas leur avenir. En revanche, les mêmes tentent d'exercer un contrôle

1. Voir de Singly F., *Les Adonaissants*, Armand Colin, 2007.

absolu sur la scolarité de leurs rejetons. Beaucoup de parents pensent en effet que les choix scolaires de leur enfant relèvent de décisions qui leur reviennent. Cette tendance est d'autant plus forte en France que le diplôme fige la définition de soi quasiment pour la vie, à la différence de ce qui se passe dans d'autres pays comme l'Allemagne.

Ainsi s'explique que beaucoup de parents ne voient pas l'utilité de s'intéresser aux loisirs de leurs enfants, pour autant qu'ils n'empiètent pas sur le temps consacré à la réussite scolaire. Du coup, beaucoup d'enfants qui s'adonnent aux jeux vidéo le font de manière coupable. Qu'ils jouent une heure ou cinq, c'est toujours avec l'impression de « perdre leur temps ». Et effectivement, avec un tel état d'esprit, ils le perdent vraiment car ils sont incapables d'imaginer que la compétence qu'ils y acquièrent puisse leur être utile de quelque façon. Ils grandissent avec des parents qui ont décidé que les jeux et la réussite professionnelle n'avaient aucun lien entre eux, et ils intériorisent ce clivage comme une évidence. Du coup, ils ne sont évidemment pas attentifs aux opportunités professionnelles que leur familiarité des TIC pourrait leur ouvrir.

De quelque côté qu'on se tourne, ce clivage s'impose donc comme préjudiciable. En faisant leur chasse gardée des choix scolaires de leurs enfants, et en considérant les espaces virtuels comme de simples terrains de jeu sans conséquences, les parents commettent deux erreurs : ils déresponsabilisent leurs rejetons dans le choix de leurs objectifs professionnels, et ils les empêchent de répondre à des opportunités qu'ils seraient seuls à pouvoir repérer du fait de la nouvelle culture dans laquelle ils baignent.

Mais comment mettre fin à ce clivage ? Bien sûr, les parents doivent apprendre à laisser à leurs enfants plus de liberté dans le choix de leurs orientations scolaires et professionnelles. Mais il est tout aussi important qu'ils prennent au sérieux les activités de loisir des nouvelles générations comme un creuset possible pour de futurs intérêts professionnels. Et comme leur ignorance dans ce domaine est souvent grande, plus tôt ils s'y intéresseront et mieux cela vaudra !

Pas trop tout de même, bien sûr : jusqu'à 5 ans, l'enfant a d'abord besoin de bras pour le tenir, de sourires partagés et de mots pour accompagner sa découverte du monde. En revanche, à partir de 5 ans, les parents seraient bien inspirés de s'intéresser aux activités vidéo de leurs enfants, et cela pour plusieurs raisons.

D'abord, ils s'initieront eux-mêmes à cette pratique qui leur paraîtra moins étrange. Ensuite, ils en cadreront plus facilement l'usage car ils auront montré l'intérêt qu'ils y portent. Enfin, après avoir découvert la fantaisie des avatars, l'esthétique étrange des mondes virtuels, et l'humour fréquent de leurs concepteurs, ils pourront constituer ces jeux en support d'échanges avec leurs enfants. Beaucoup de jeunes ont en effet l'impression qu'il s'agit d'une activité incompréhensible aux adultes et dont il vaut mieux ne pas essayer de leur parler.

Et, du coup, leur enfant sera moins enclin à penser, plus tard, que les seules communautés, les seuls maîtres et les seuls rituels qui importent sont ceux qu'on rencontre dans le virtuel…

6

Mes écrans et mes croyances

Beaucoup d'enseignants disent avoir observé des changements importants dans les comportements des enfants depuis une dizaine d'années. Des manifestations jusque-là exceptionnelles sont devenues courantes, comme l'impossibilité d'accepter la perte, voire le recours banalisé à la violence. Il n'est bien sûr pas question de rapporter des phénomènes aussi complexes à une seule cause. Plusieurs ont d'ailleurs été invoquées, comme la détérioration du marché de l'emploi qui provoque 40 % de chômage dans certaines cités, la difficulté où sont de nombreux parents pour construire un cadre éducatif cohérent, ou encore un apprentissage de la langue insuffisant qui inciterait à recourir aux coups pour « s'exprimer [1] ». Mais comment nier que le paysage audiovisuel ne contribue lui aussi à cette évolution ? Les

1. Il est pourtant difficile de croire que la violence soit seulement le fait de ceux qui n'ont pas accès à un langage élaboré. S'agissant des violences conjugales par exemple, on sait bien qu'elles concernent toutes les couches de la société quelles que soient leurs compétences sociales et linguistiques.

séries télévisées et le cinéma nous montrent en effet une violence de plus en plus crue [1], tandis que les programmes pour enfants ont un rythme de plus en plus rapide qui déroute leurs repères. Pourtant, nous n'allons pas reprendre ici la question de savoir si la mise en scène de la violence peut contribuer à légitimer celle-ci. Il s'agit plutôt de nous intéresser à un aspect régulièrement oublié du débat, son influence sur l'organisation des liens. Il a au moins trois aspects : la fabrication par les jeunes de leurs propres images, l'organisation en bandes et enfin l'aptitude de plus en plus répandue à pouvoir refuser la part de réalité qui dérange.

« Happy slapping » et « machinima »

Confrontés à la multiplicité des images, nombreux sont les jeunes qui décident de fabriquer les leurs. Cela peut prendre deux formes opposées, qui sont comme les faces sombre et lumineuse d'un même désir : le *happy slapping* et les *machinimas*.

Commençons par le *happy slapping*, puisqu'il ne se passe pratiquement pas de mois sans que la télévision ne nous en parle, images à l'appui. Cette expression anglaise ne désigne malheureusement pas ce que sa traduction littérale pourrait nous faire croire. Il ne s'agit pas de donner une « gifle joyeuse », mais d'agresser réellement quelqu'un – en général

1. Pour n'en citer qu'une, *24 heures chrono*, dans laquelle le héros torture sans état d'âme des suspects qui ne se révèlent pas toujours coupables.

un inconnu – en se faisant filmer par un complice. Les images sont ensuite montrées par l'agresseur dans son collège, sa cité, ou sur Internet, comme une preuve de sa « valeur », de sa « combativité », voire de son « courage »... Le *happy slapping* n'est donc pas une agression filmée par hasard, mais une agression perpétrée avec l'intention de la filmer pour la montrer à d'autres. C'est, bien entendu, une stratégie destinée à « en imposer ». Mais pour réussir, elle nécessite que les spectateurs y croient, c'est-à-dire qu'ils restent dans l'illusion que les images sont un reflet de la réalité. Ceux qui font et diffusent ces images voudraient bien entendu que ce soit le cas, mais on n'est pas obligé de les suivre ! Les logiciels de traitement d'images permettent aujourd'hui de fabriquer de faux *happy slappings*, sans compter toutes les ressources traditionnelles du jeu théâtral et du maquillage. C'est pourquoi les actualités feraient mieux de n'en montrer aucune. Non seulement elles permettent à leurs auteurs de « passer à la télévision », mais en plus, elles apportent à ces images l'authentification qui, sans cela, leur ferait défaut.

Pour certains auteurs de *happy slappings*, les choses sont malheureusement plus graves. Il s'agit de jeunes tellement perturbés qu'ils ne parviennent pas à avoir des représentations de leur propre violence. Ils agissent alors celle-ci dans la réalité en la filmant ou en la faisant filmer, dans le but de s'en donner une image afin d'étayer la représentation qu'ils ont d'eux-mêmes. De tels jeunes sont évidemment peu nombreux, mais ils font beaucoup parler d'eux.

La plupart des adolescents font heureusement d'autres choix. Ils réagissent à l'omniprésence des images en fabriquant les leurs, mais de façon bien différente. Il ne s'agit pas pour eux de prouver leur valeur en se filmant en train d'agresser un inconnu, mais en se révélant capables de fabriquer leurs propres fictions. C'est ce qu'on appelle des *machinimas*. Ce mot désigne des petits films d'une durée de trois à dix minutes, créés à partir de séquences de jeux vidéo, d'images de téléphone mobile et de commentaires personnels[1]. Inutile de préciser que ces jeunes sont très intéressés par les *making of*, ces programmes qui accompagnent aujourd'hui la plupart des films sortis en DVD pour expliquer leurs trucages et leurs effets spéciaux. Ce n'est pas un hasard si une récente publicité à destination des adolescents vendait un appareil téléphonique muni d'une caméra avec le slogan « Faites-vous vos films ». Les visuels qui accompagnaient cette campagne montraient d'ailleurs des cadrages donnant aux photographies des significations sans commune mesure avec la réalité située devant l'objectif. Par exemple, l'écran du mobile affichait l'image d'une arme ensanglantée tandis que l'arrière-plan révélait qu'il s'agissait de la lame d'un broyeur ménager maculée de sauce tomate ! Aucune image n'est absolument vraie, aucune n'est absolument fausse, toutes sont des mises en scène. Nous sommes ici à l'opposé des errements des adeptes du *happy slapping*. Malheureusement, les médias se font largement l'écho de celui-ci, et parlent fort peu des *machinimas*.

1. Le plus célèbre d'entre eux a été réalisé par un jeune Anglais sous le titre *Démocratie française*.

Une image, trois effets

Soyons honnêtes. Il y a des jours où les horreurs que je regarde sur mon petit écran me laissent de marbre. Ces jours-là, il me semble que je sais tout cela depuis longtemps. Le monde est ainsi fait. Il me paraît normal qu'on s'étripe partout, que les attentats réussissent et que le pire soit certain. En fait – continuons à être honnêtes ! –, rien n'est assez macabre pour moi parce que les images violentes que je trouve « ordinaires » sont à l'intérieur de moi. Elles m'habitent avant même que je n'allume mon écran.

Mais à d'autres moments, l'horreur télévisée me fait exactement l'effet inverse : ces mêmes images sont insupportables. Je veux croire que tant d'horreur cessera un jour, je rêve de devenir « médecin du monde » et de panser les blessures de l'humanité. Les images violentes ne me font pas moins d'effet que lorsque je suis dans l'état précédent, mais cet effet est exactement opposé.

C'est la même chose chez les adolescents, sauf qu'au lieu de passer d'un état d'esprit à un autre et d'une relation aux images à une autre, ils se figent souvent dans une seule attitude et ne sont attentifs qu'à un seul aspect du paysage audiovisuel.

Certains d'entre eux font comme moi mes mauvais jours : ils se délectent des images violentes. Ils n'en voient jamais assez, comme cette fillette de 11 ans qui me disait « adorer les images d'attentats, surtout quand il y a de nombreux cadavres et beaucoup de sang ! ». En fait, son monde intérieur était si terrifiant qu'elle était soulagée de découvrir l'intérêt que les journalistes et ses parents portaient à ces spectacles. Elle n'était plus un monstre hors du commun assoiffé d'horreurs. Les autres étaient comme elle et elle était comme eux. Ces images avaient pour elle une véritable fonction calmante !

Mais d'où lui venaient ces horribles images intérieures qui lui faisaient presque paraître anodines, par comparaison, celles dont la télévision nous abreuve chaque soir ? D'une enfance difficile qu'elle avait mal vécue. Quand elle avait 5 ans, ses parents avaient traversé une crise grave, qui les avait conduits à se battre physiquement devant elle. Leur divorce avait été aussi l'occasion d'altercations violentes, chacun des deux tentant de dénigrer l'autre aux yeux de la fillette. Elle avait apparemment réagi sans trop de dommages. En fait, les choses s'étaient bien passées jusqu'à ses 11 ans : ni troubles de la pensée ni difficultés scolaires. Mais à partir de sa onzième année, les drames intimes vécus dans sa petite enfance étaient sortis du sommeil où les avaient plongés ses premières années de scolarisation. Cette situation n'est pas rare. Les enfants qui ont vécu des situations persécutoires ou des déchirements précoces les revivent souvent à l'adolescence, et cela avec une angoisse d'autant plus forte qu'ils renouent avec des émotions dont ils ont oublié la cause. Il peut s'agir de maltraitances physiques ou sexuelles, mais aussi de désaccords parentaux dont ils se sont sentis responsables, de ruptures brutales d'environnement qui leur ont fait perdre de précieux repères, ou encore de dépressions ou de hontes familiales qu'ils ont prises sur leurs épaules. Dans tous les cas, l'enfant soumis précocement à de telles épreuves tente de se représenter les bouleversements de son monde intérieur par des images qui impliquent le corps. Il rêve de plaies sanglantes, d'arrachements, d'écrasements... Ces images inexplicables qui l'assaillent sont évidemment angoissantes et il fait tout pour ne pas y penser. Elles ne cessent malheureusement pas d'être actives et favorisent sa fascination pour les images de violence. À travers celles-ci, il revit en effet ses terreurs passées en ayant l'impression qu'elles ne le concernent pas. Le problème est que, chez certains enfants, le soulagement qu'ils éprouvent à regarder ces images contribue aussi à banaliser la violence. Et le risque est qu'ils finissent par considérer celle-ci comme un moyen ordinaire de résoudre les problèmes de leur vie quotidienne.

Tous les jeunes n'adoptent évidemment pas cette attitude. Chez d'autres, la violence du paysage audiovisuel résonne aussi avec leur monde intérieur, mais en sens contraire. Il s'agit de jeunes chez lesquels dominent la crainte et l'insécurité, là encore pour des raisons qui ont tout à voir avec leur histoire et leur personnalité et pas grand-chose avec les images qu'ils partagent avec leurs camarades. Ces enfants-là sont volontiers défaitistes et se représentent l'évolution du monde comme un combat éternel avec toujours plus de destructions et de souffrances. Quand on les questionne sur les images de violence qu'ils regardent, ils disent volontiers : « On ne peut rien y faire », « Il est impossible de se défendre dans une telle situation », ou même : « Si ça m'arrivait, je préférerais mourir ». Malheureusement, comme pour les enfants ayant des tendances agressives, ces images présentent le risque de les confirmer dans leurs représentations morbides. Il existe pour eux aussi un risque de banalisation de la violence, mais en sens inverse. Ils ne se voient pas engagés à la pratiquer, mais à la redouter. Ils se sentent de plus en plus menacés – voire persécutés – et défaitistes. Ils se résignent aux risques d'agression qui les menacent et se persuadent du caractère inéluctable d'une évolution catastrophique du monde.

Certains tentent de juguler cette angoisse par une intense activité intellectuelle. Mais la plupart ne voient malheureusement leur salut que dans une autorité forte susceptible de les protéger. Autant dire qu'ils courent un grand risque de devenir plus tard des adultes prêts à accepter un pouvoir totalitaire qui promet de les protéger[1]...

Enfin, un troisième groupe de jeunes est constitué par ceux qui connaissent leur ambivalence, leurs craintes et leurs angoisses. Quand ils voient des images violentes, ils disent volontiers : « Si ça m'arrivait, j'irais chercher mes parents pour essayer de nous réconcilier », « Je me protégerais le mieux que je pourrais », « J'irais demander de l'aide à mon grand frère », « J'essaierais de comprendre ce qu'ils me veulent », « J'essaierais de m'expliquer »... Ces enfants développent en fait au contact de ces images des réflexes constructifs et réparateurs. C'est probablement parmi eux que se recrutent plus tard les artistes capables

1. Le sociologue américain George Gerbner a confirmé ce résultat en montrant que les catégories de la population qui se sentent en situation fragile ou précaire développent un sentiment d'inquiétude encore plus important au contact des images violentes qui les entourent. Il s'agit, pour cet auteur, des chômeurs, des minorités noires et latino-américaines, des personnes âgées, des femmes et des enfants. Gerbner G., « Pouvoir et danger de la violence télévisée », *Les Cahiers de la sécurité intérieure*, IHESI, La Documentation française, n° 20, 2e trimestre 1995, p. 45-46.

de produire des œuvres de valeur, mais aussi les militants de causes humanitaires. Les moins de 25 ans sont en effet massivement engagés en faveur du commerce équitable, du développement durable, de la protection de la planète et des espèces menacées, et finalement dans la résolution de tous les grands problèmes auxquels nous devons aujourd'hui faire face. Or ces jeunes adultes d'aujourd'hui ont été des enfants et des adolescents terriblement malmenés par les images violentes qui les entouraient. Qu'ils aient pris ce chemin montre que, selon les circonstances et la personnalité, les mêmes images peuvent conduire à des résultats bien différents : légitimer la violence, favoriser un repli craintif ou encore susciter un engagement pour en réduire les effets néfastes. Le tempérament de chacun, son histoire et son environnement sont déterminants. Bref, les images violentes ne rendent pas les jeunes plus violents, mais elles aggravent la violence de ceux qui ont tendance à être violents, ce qui est bien différent. Et elles incitent aussi certains d'entre eux à développer leurs tendances créatrices et réparatrices, ce qu'on oublie trop souvent [1].

1. La recherche de Johnson et de ses collègues, sur les conséquences à long terme de la consommation importante d'images violentes, confirme indirectement ce résultat. Cet auteur montre que les enfants qui regardent beaucoup la télévision – c'est-à-dire plus de quatre heures par jour à l'âge de 5 ans – présentent cinq fois plus de risques d'adopter des comportements violents à l'adolescence – pour les garçons – ou à leur majorité – pour les filles (5 % des enfants ayant regardé très peu la télévision pendant leur petite enfance présentent le risque de devenir violents à l'âge adulte, tandis que 25 % des enfants ayant regardé beaucoup la télévision pendant leur petite enfance pré-

Bandes et communautés

Le nouveau paysage audiovisuel n'a pas seulement pour conséquence de pousser la plupart des jeunes vers des positions extrêmes. Il a aussi un impact important sur l'organisation en bandes.

Le mécanisme est simple : ceux dont les médias accroissent le sentiment d'insécurité cherchent la protection de ceux qui seraient susceptibles de les protéger... même si c'est au risque d'être eux-mêmes les premières victimes de leur violence. Car, bien souvent, ce sont d'abord les éléments les plus fragiles de leur propre bande que les plus combatifs agressent. La bande fonctionne ainsi comme un dispositif de persécution tout autant que de protection. Les enfants qui ont des tendances craintives acceptent l'autorité, mais aussi les violences de certains autres. C'est pour eux le prix à payer pour se sentir protégés. Tandis que les jeunes portés à agir la violence trouvent un plaisir sadique à imposer leur autorité aux plus craintifs. D'ailleurs, dans nombre de faits divers, la

---

sentent ce risque). Mais cette étude montre aussi que 75 % d'enfants qui ont regardé beaucoup la télévision dans leur petite enfance n'ont jamais adopté de comportements violents à leur majorité. Que sont-ils devenus ? Ma propre recherche l'indique : une bonne partie sont plus insécurisés et défaitistes, tandis que les autres se sont identifiés à des redresseurs de torts. Jeffrey G. Johnson, Patricia Cohen, Elisabeth M. Smailes, Stéphane Kasen, Judith S. Brook, « Television Viewing and Aggressive Behavior During Adolescence and Adulthood (Consommation télévisuelle et comportement agressif à l'adolescence et à l'âge adulte) », *Science*, vol. 295, n° 5564, 29 mars 2002, p. 2469-2471.

victime est martyrisée par ceux – camarades et amis – par lesquels elle pouvait se croire protégée…

Enfin, il n'y a souvent qu'un pas de la bande au repli communautaire. Car ces bandes, d'abord organisées sur le principe de l'affinité, vont rapidement se chercher des signes distinctifs visibles comme la couleur de peau ou une religion ostensiblement affichée. C'est ainsi que l'organisation en bandes constitue un prélude à la revendication communautariste. Ce n'est pas un hasard si le pays où le paysage audiovisuel est le plus violent – les États-Unis – est aussi celui dans lequel le communautarisme est un fait reconnu et même valorisé.

Face à un problème d'une telle ampleur, les moyens individuels semblent de peu de poids. Pourtant, les parents et les pédagogues auraient tort de baisser les bras. Nous avons vu que les mêmes images peuvent produire des effets radicalement différents sur les jeunes selon leur environnement, et cet environnement, nous en faisons partie ! Pour faire que le paysage audiovisuel mobilise des comportements d'entraide chez le plus grand nombre, il faut encourager cette attitude le plus tôt possible. Par exemple, si vous allez voir *Gangs of New York*[1] avec vos enfants, inutile de vous extasier à la sortie sur la chorégraphie des combats, la qualité des effets spéciaux ou la violence du scénario. Cela, ils l'ont remarqué aussi bien que vous, et ils ont même peut-être lu dans un hebdomadaire que l'extrême violence décrite dans le film est encore inférieure à celle

1. Film de Martin Scorsese sorti aux États-Unis le 20 décembre 2002 et en France le 8 janvier 2003.

qui régnait à New York à cette époque-là. En revanche, il est essentiel d'attirer leur attention sur la solidarité qui existe entre certains personnages, et la compassion qui explique certaines de leurs actions. De façon générale, il faut valoriser ce qu'on peut appeler les « aspects positifs » des catastrophes, qu'elles soient guerrières ou naturelles : l'entraide, la protection des victimes, la solidarité et la réparation.

La réalité est souvent inhumaine, mais il est toujours possible d'y réagir de façon humaine. Tel est le message que doivent sans cesse transmettre les pédagogues et les éducateurs.

Le plan B des maternelles

Les effets du paysage audiovisuel ne commencent pas avec l'entrée des enfants en classe primaire, loin de là ! La plupart d'entre eux regardent aujourd'hui la télévision dès leur naissance, et s'ils ne comprennent pas le contenu des programmes qu'ils voient, ils sont sensibles d'emblée au rythme des images. Avant l'âge de 3 ans, la durée moyenne passée devant le poste est d'une heure par jour, et elle monte à une heure trente entre 3 et 4 ans. En fait, ce sont les processus d'identification précoce que la télévision est en train de bouleverser chez les jeunes enfants, avec des conséquences qui sont déjà mesurables.

Pour le comprendre, rappelons que l'enfant occupé à ses jeux traditionnels mobilise des identifications sans cesse différentes. C'est lui qui invente les histoires qu'il se raconte et, pour cela, il s'identifie alternativement à chacun des pôles des situations qu'il imagine. Par exemple, il est successivement celui qui commande et celui qui est commandé, celui qui embrasse et celui qui est embrassé, ou encore celui qui frappe et celui qui est frappé.

Mais lorsqu'il regarde les programmes télévisés – y compris ceux qui lui sont destinés –, le rythme est si rapide et incompréhensible qu'il cherche d'abord à se construire des repères. Et pour cela, il choisit bien souvent de « coller » à celui des personnages qui lui paraît le plus proche par ses réactions. Mais comme les personnages de ces séries sont assez stéréotypés, il s'identifie finalement toujours au même type de héros : par exemple celui qui commande *ou bien* celui qui est commandé, celui qui cherche *ou bien* celui qui est cherché, ou encore celui qui frappe *ou bien* celui qui est frappé. Le problème est qu'en agissant de la sorte, non seulement il ne développe guère de distance par rapport à ce qu'il voit et ressent, mais il court le risque de renforcer le registre relationnel qu'il a privilégié sous l'effet de son environnement familial.

Car c'est bien entendu les parents qui donnent à l'enfant ses premières orientations. Mais alors que ses jeux traditionnels lui permettent de nuancer celles-ci, la perte des repères face aux écrans l'incite à les renforcer. En s'identifiant toujours à des héros qui ont le même type de comportement, les enfants renforcent de façon unilatérale ce qu'on appelle leurs « modèles internes opérants », c'est-à-dire les petits scénarios intérieurs qui leur servent de repères dans les diverses circonstances de leur vie quotidienne. En pratique, ils prennent l'habitude de se percevoir d'une seule façon, soit comme agresseurs, soit comme victimes, soit comme redresseurs de torts. Le danger est alors qu'ils adoptent systématiquement la même attitude dans la réalité. La télévision ne rend les enfants ni plus violents ni plus calmes, mais enferme beaucoup d'entre eux dans la prison de comportements qui s'autorenforcent.

Les conséquences en sont partout visibles. Dès l'âge de 3 ans, les enfants ont déjà des profils psychologiques marqués : certains se perçoivent comme des dominants et des agresseurs potentiels, d'autres comme des victimes craintives et d'autres encore comme des redresseurs de torts. Du coup, on assiste aujourd'hui de la part d'enfants jeunes à des attitudes d'intolérance à la frustration, d'impulsivité, voire de violence, qui étaient pratiquement inconnues il y a encore dix ans. Le rapport d'expertise de l'Inserm préconisant le dépistage des « troubles des conduites » chez les jeunes enfants a eu l'intérêt d'attirer l'attention sur ces questions, mais l'inconvénient de proposer comme prévention une médicalisation précoce des jeunes concernés [1]. En revanche, si les méthodes d'intervention proposées par le rapport de l'Inserm ont été justement condamnées, les formes de souffrance psychique des jeunes enfants qu'il a mises en avant existent bel et bien, et nul ne peut les nier. Selon une formule célèbre de Freud, « il ne faut pas jeter le bébé avec l'eau du bain », autrement dit les constatations du rapport de l'Inserm avec les propositions qu'il a faites pour y remédier. Bref, il est urgent de proposer, face au « plan A » de l'Inserm, une sorte de « plan B ».

---

1. Cette dénonciation a été menée par le collectif « Pasde0deconduite », *Pas de 0 de conduite pour les enfants de 3 ans*, Érès, 2006.

Pour cela reprenons le problème.

Les jeunes, dont les profils identificatoires ont été précocement enkystés sous l'effet des images, ont tendance à réagir toujours de la même façon aux situations qu'ils rencontrent. Du coup, ils renforcent leur vision figée du monde et celle-ci oriente à son tour leur perception des images de manière unilatérale, dans un cercle vicieux sans fin.

Pourtant, il a été montré que les enfants, même très jeunes, ont la capacité de prendre du recul par rapport au stress des images en utilisant différents moyens [1]. Certains parlent de ce qu'ils ont vu et ressenti, d'autres se lancent dans la fabrication de leurs propres images, et d'autres encore imitent « pour de faux », dans divers jeux improvisés, ce qui les a bouleversés. Les attitudes, les gestes et les mimiques sont pour les enfants des manières de gérer les émotions au même titre que le langage parlé et les scénarios intérieurs. C'est pourquoi il est essentiel de ne pas empêcher ces manifestations, et même de les favoriser.

Dans ce but, on peut imaginer que des activités de jeu de rôle soient proposées dès les classes maternelles. Les enfants seraient invités par leurs enseignants à jouer les situations d'images qui les ont bouleversés, d'abord en choisissant la place qu'ils désirent, puis en jouant chacune des autres. Ces activités associeraient trois avantages.

Elles constitueraient des espaces dans lesquels les enfants pourraient assimiler et digérer l'environnement audiovisuel auquel ils sont confrontés, tout en s'engageant dans une

---

1. Voir Tisseron S., *Enfants sous influence, Les écrans rendent-ils les jeunes violents ?*, Armand Colin, 2000 ; rééd. 10/18, 2002.

meilleure maîtrise du langage et en développant des formes nouvelles de socialisation, ce qui correspond aux objectifs éducatifs avec eux.

Elles permettraient de réintroduire la distinction entre le « pour de vrai » et le « pour de faux », qui a disparu du paysage audiovisuel, mais qui est essentielle à l'être humain. Plus les enfants sont invités à imiter « pour de faux » – dans un cadre qui soit garant de leur jeu – et moins ils sont menacés par la tentation d'imiter « pour de vrai », en se comportant comme agresseurs ou victimes désignés.

Enfin, la troisième raison d'introduire des activités de jeu de rôle dès la maternelle est de lutter contre la tendance des enfants à adopter précocement une identification privilégiée dans laquelle ils se figent. Pour cela, il faut les inviter à jouer les situations d'images qui les ont bouleversés non seulement selon leur souhait, mais aussi en les invitant à prendre successivement chacun des rôles : agresseur, victime ou redresseur de torts. Ainsi, ceux qui ont tendance à s'enfermer dans certains profils – notamment l'agression – ne seraient pas montrés du doigt, mais invités à éprouver d'autres positions possibles et les à expérimenter. Ils pourraient du coup plus facilement se décoller de leurs identifications enkystées. Ils retrouveraient une marge de manœuvre, ou, pour le dire autrement, de liberté, sans qu'aucun d'entre eux ne soit stigmatisé[1].

1. Cette hypothèse fait l'objet d'une recherche – action menée en partenariat avec l'enseignement public et l'enseignement privé, sur l'année scolaire 2007-2008.

Le risque du déni

Les enfants angoissés par la confusion des images de télévision ont parfois recours à d'autres images pour se rassurer : celles des jeux vidéo. Cela peut paraître étrange aux parents qui perçoivent celles-ci comme une source possible de confusion pour leurs enfants. Pourtant, les jeux vidéo permettent à certains d'entre eux de reconstruire des repères, et cela de deux façons.

D'abord, la pratique de ces jeux permet d'expérimenter plusieurs rôles. Bien sûr, ce n'est pas toujours le cas. Les enfants ayant de forts penchants agressifs ou réparateurs y jouent souvent dans leur registre habituel, les premiers incarnant volontiers des créatures violentes et les seconds des mages ou des sorciers guérisseurs. En revanche, les enfants qui ont plutôt tendance à s'imaginer victimes d'attaques de toutes sortes peuvent se familiariser, dans leurs jeux, avec des attitudes qui ne sont pas les leurs dans la vie. Par exemple, ils font le choix d'incarner un personnage résistant aux agressions et se familiarisent ainsi peu à peu avec l'idée d'encaisser des coups et de persévérer malgré les échecs.

Mais surtout, l'enfant angoissé par un paysage télévisuel où rien n'est absolument vrai ou faux sait au moins, avec les jeux vidéo, où il s'engage : tout y est fabriqué ! C'est d'ailleurs souvent une jubilation pour un enfant d'entendre ses parents parler de ses jeux comme si c'était vrai, par exemple lorsqu'ils disent que leur jeune « passe son temps avec une arme à la main » alors qu'il ne fait que jouer à effacer des bonshommes de pixels !

Le problème est qu'à force de penser que toutes les images sont fabriquées, chacun est confronté à la nécessité de choisir lui-même la part de réalité à accorder à chacune. Cette attitude d'esprit risque de favoriser la négation que certains faits puissent, ou aient pu, avoir lieu. Ce mécanisme psychique est celui que Freud a décrit sous le nom de « déni ». Le propre du déni est que celui qui croit à un certain moment qu'une chose existe peut, à un autre moment, la refuser. Mais au moment où l'existence de cette chose est refusée, le refus est absolu. Dans le moment du déni, celui qui y est engagé l'est totalement.

Du coup, ces personnes sont comme coupées en deux : d'un côté, elles acceptent la réalité d'une chose ou d'un événement et, d'un autre, elles la refusent. Ces deux attitudes alternent dans leur vie comme si aucune relation n'existait entre elles[1]. Pour parvenir à ses fins, le déni s'appuie sur le regard. Il tente de donner à voir la chose qui n'existe pas ou d'effacer celle qui existe par des mises en scène. Dans la mesure où les mondes virtuels jouent de toutes les illusions des sens, ce mécanisme de défense risque de prendre une importance considérable.

Nous en reparlerons.

---

1. On confond parfois déni et dénégation. Alors que le déni, au moment où il est mis en scène, marque un refus total d'une partie de la réalité, la dénégation est toujours une forme de reconnaissance. Son instrument n'est pas l'image, mais la parole. La dénégation, à la différence du déni, n'est pas un fait de perception, mais un fait de langage. En énonçant qu'une chose n'existe pas, la dénégation la nomme et en reconnaît indirectement l'existence, ce qui n'est pas le cas du déni.

7

L'espace et le temps bouleversés

L'effacement de distinctions aussi importantes que celles qui opposent la présence à l'absence, ou le vrai et le faux, entraîne évidemment des bouleversements considérables. Une culture nouvelle apparaît, dans laquelle l'opposition des contraires laisse place à leur coexistence. Le « ou bien, ou bien » fait place au « à la fois, à la fois ». Le monde qui s'efface est celui du livre, celui qui s'impose est celui des écrans.

Connaître tout un peu

Dans son roman *Fahrenheit 451*[1], Bradbury décrit une société totalitaire qui a décidé de détruire tous les livres pour les remplacer par des écrans. Les résistants s'organisent en une société secrète d'« hommes-livres » qu'il faut

1. Dont François Truffaut a tiré en 1966 le film du même nom. Bradbury R., *Fahrenheit 451*, Denoël, 1953 ; rééd. Gallimard, « Folio », 2003.

évidemment entendre comme une société d'« hommes libres ». Chacun de ses membres connaît par cœur un ouvrage important qu'il a pour tâche d'enseigner à un successeur désigné pour que celui-ci prenne sa relève après sa mort. Ces hommes sont ainsi collectivement les dépositaires de tout le savoir du monde. Si l'un d'entre eux meurt avant d'avoir transmis son précieux message, c'est une œuvre originale qui disparaît, et toutes les gloses qui l'accompagnent.

Dans cette fiction écrite au début des années 1950, nous reconnaissons bien sûr ce que fut l'idéal de l'érudit du XXe siècle : connaître totalement un auteur à défaut de les connaître tous. Et ce ne fut pas seulement un idéal de lettrés ! C'était l'époque où l'organisation du travail manuel était segmentée en corps professionnels très précis : maçons, charpentiers, menuisiers, plombiers, couvreurs, électriciens, etc. Chacun était fier de sa compétence, tentait de ne rien ignorer de son domaine et refusait toute tâche relevant d'un autre corps. Cet idéal en avait remplacé un autre : « Tout connaître sur tout. » Pic de la Mirandole fut, paraît-il, le dernier à y parvenir à la Renaissance. Aujourd'hui, nous entrons dans une troisième référence : « Connaître un peu sur tout. » Le règne du bricolage généralisé et de la connaissance parcellisée a remplacé celui de l'érudit et le rapport à la connaissance en est évidemment bouleversé.

Rappelons-nous. Ouvrir un livre ne consiste pas seulement à entrer lentement dans le monde de celui qui l'a écrit. C'est se soumettre à la nécessité de choisir à tout moment entre un volume et un autre, une page et une autre, une ligne et une autre. Comme les caractères imprimés en noir et blanc sur la page, le monde du livre est ou n'est pas, dans un principe d'exclusion réciproque. Et si les choses sont, elles peuvent être « bonnes » ou « mauvaises », mais jamais les deux à la fois. Mais ce monde-là a cessé d'être la référence. Au lecteur du livre ouvert à une seule page s'est substitué le spectateur entouré d'une multitude d'écrans eux-mêmes divisés en plusieurs images.

Les médias se sont adaptés à cette attente. Mais étant donné leur importance, cette adaptation constitue un formidable amplificateur du phénomène. La dernière maquette du journal *Le Monde* a réduit la place consacrée aux sujets nationaux et internationaux en augmentant le nombre des rubriques. Quant aux journaux télévisés, ils sont passés d'une vingtaine de sujets qui duraient en moyenne deux minutes chacun à une quarantaine qui durent cinquante secondes. Deux fois plus de sujets traités dans le même temps, c'est évidemment deux fois moins d'informations consacrées à chacun… et donc deux fois moins de possibilités de les comprendre.

La possibilité de capter la télévision sur les téléphones mobiles va évidemment amplifier ce phénomène. Les informations auront forcément un format court adapté à une consultation rapide, entre deux rendez-vous ou même au cours d'un repas ou d'une promenade…

Faire et être plusieurs choses à la fois

Lorsque l'écriture et la lecture étaient les supports privilégiés d'apprentissage et de communication à distance, il était difficile de faire plusieurs choses en même temps. Ceux qui lisaient des livres de la première à la dernière page étaient considérés comme adaptés alors que ceux qui passaient de l'un à l'autre sans en finir aucun passaient pour instables.

Aujourd'hui, au contraire, le modèle n'est plus de faire une seule chose à la fois et de la faire le mieux possible, mais d'en faire plusieurs en même temps… en espérant qu'aucune ne soit trop mal faite. Le modèle de ce fonctionnement est bien entendu celui de l'ordinateur qui consacre un peu de temps à chacune des tâches qu'il réalise en simultané. C'est la même chose aujourd'hui pour certains jeunes. Ils donnent l'impression d'écouter de la musique, de regarder la télévision et de faire leurs devoirs en même temps. En fait, leur attention ne cesse pas de sauter de l'un de ces domaines à l'autre. L'accomplissement de plusieurs tâches en parallèle a pris tellement d'importance que Mme Ségolène Royal, à qui un journaliste demandait en 2006 si elle avait regardé le Mondial, fit la réponse suivante : « Je l'ai regardé avec un œil, en lisant mon journal avec mon autre œil et en écoutant mon MP3. »

Certains jeunes n'hésitent pas à franchir un pas de plus. Il ne s'agit plus seulement de faire plusieurs choses à la fois, mais d'être dans plusieurs endroits en même temps. Si la communication consiste à se transporter virtuellement à distance, son but ultime n'est-il pas d'être en même temps dans deux espaces distincts ? Le téléphone mobile nourrit ce rêve. Ceux qui le partagent se désignent eux-mêmes sous l'expression de *ubiquity generation*. Leur corps est ici et leur voix là-bas. Et ils tentent aussi d'intervenir dans plusieurs espaces virtuels parallèles à l'aide d'avatars multiples.

Sur *Second Life*, cette tendance est exacerbée. Il n'est pas rare qu'un usager présent au milieu d'un groupe s'adresse à l'ensemble de celui-ci, et conduise en même temps trois ou quatre conversations en aparté, chacune accessible seulement à un interlocuteur privilégié. Cet espace invite ainsi ses usagers à utiliser leurs compétences multicommunicationnelles acquises dans la « vraie vie », mais en leur donnant une intensité supplémentaire.

Là encore, les politiques, soucieux plus que jamais de coller aux modes, amplifient le phénomène. Il y a quarante ans, un compliment adressé à un personnage politique était de dire qu'il n'était ni de droite ni de gauche, et le général de Gaulle en bénéficia. Aujourd'hui, le compliment serait plutôt de dire qu'il est *à la fois* de droite et de gauche. Par exemple, qu'il a un programme économique de droite mais une sensibilité de gauche, ou le contraire, bref qu'il est une sorte d'hybride qui réunit les contraires et se trouve sur plusieurs terrains en même temps. Ce qui était condamnable dans la culture de l'écrit est devenu compliment dans la culture du virtuel.

Apprendre en tâtonnant

La connaissance nouvelle est inductive et s'oppose point par point au modèle traditionnel déductif.

Lorsque Claude Bernard découvre que le foie a la capacité de réguler le taux de sucre dans nos organismes, il le doit à une méthode qui est dorénavant associée à son nom : la méthode hypothético-déductive. Longtemps présentée comme le modèle de toute recherche, elle enchaîne quatre moments successifs : l'observation, l'hypothèse, la manipulation du réel, puis à nouveau l'observation. Pour être efficace, cette méthode nécessite de fabriquer un modèle qui distingue chacun des éléments entrant en jeu afin de les faire évoluer l'un après l'autre.

La connaissance intuitive se tient à l'opposé. Il ne s'agit plus de comprendre avant d'agir, mais d'agir pour comprendre. À vrai dire, cette démarche a toujours existé, mais son seul domaine d'application était les relations quotidiennes [1]. Lorsque nous entrons pour la première fois en contact avec quelqu'un que nous ne connaissons pas, nous n'avons en effet guère le temps de faire une hypothèse ! Nous nous engageons dans la relation et, selon notre personnalité, nous posons des questions, nous parlons de nous-mêmes ou, tout simplement, nous sourions. Aucune de ces portes d'entrée du problème n'est bonne ou mauvaise en soi. Tout dépend ensuite de notre capacité à nous adapter aux réponses de notre interlocuteur. Par exemple, si nous avons commencé par poser quelques questions, peut-être allons-nous découvrir que mieux vaut nous contenter de nous taire et d'écouter… La relation est une démarche dans laquelle c'est moins le point de départ qui

---

1. Cette attitude correspond à ce que Henri Wallon a appelé l'« intelligence sensori-motrice ». Wallon H., *De l'acte à la pensée* (1942), Flammarion, 1970.

importe que la capacité de changer à tout moment de stratégie en fonction des réponses de notre vis-à-vis.

Pendant longtemps, cette forme de connaissance n'était donc utilisée que dans nos relations quotidiennes avec nos semblables. Aujourd'hui, elle l'est aussi dans nos relations aux ordinateurs. Nous ne pouvons même apprendre à nous en servir que si nous agissons d'abord sur eux. D'ailleurs, si nos enfants sont experts dans leur usage, c'est parce qu'ils les abordent en privilégiant le tâtonnement et les essais-erreurs. Comme ces manipulations finissent en général par aboutir, les parents sont éblouis et ils pensent que leur enfant « savait ce qu'il faisait ». En réalité, c'est rarement le cas, et les parents assistent souvent à un exercice de haute voltige dans lequel le jeune découvre ce qu'il doit faire en le faisant. La preuve en est qu'il est en général incapable d'expliquer son parcours… et parfois même de le refaire ! Dans les mondes virtuels, l'hypothèse n'a pas de place. Chacun est invité à tâtonner et à essayer toutes les possibilités qui s'offrent à lui. Le raisonnement n'est plus hypothético-déductif, mais intuitif en permanence.

Enfin, le développement de cette nouvelle relation aux machines a une conséquence sur la vie : les jeunes adoptent volontiers la même attitude dans leurs relations, ce qui donne parfois à leurs rencontres avec les adultes – ou entre eux – un caractère de provocation extrême. Ils partent en effet de l'idée qu'aucune proposition ou question n'est *a priori* absurde et ils essayent tout sans préjuger de rien. D'où, évidemment, certains quiproquos. On reconnaît ceux qui sont en bonne santé psychique au fait qu'ils s'avèrent capables de se retirer aussitôt si leur proposition initiale est mal reçue. Au contraire, ceux qui ont des difficultés relationnelles n'y parviennent pas.

S'engager, se désengager, la primauté de l'action

L'homme du livre était invité à « tourner sept fois sa langue dans sa bouche » avant de répondre, et ne devait jamais accepter ou refuser une proposition avant d'avoir pris le temps d'y réfléchir. C'était aussi l'époque – comme elle nous paraît lointaine ! – où il fallait « peser le pour et le contre » avant de s'engager, voire remettre au lendemain toute décision jugée importante parce que la nuit était censée « porter conseil ». En ces temps reculés, cela paraissait la meilleure façon de ménager l'avenir parce que rien n'était pire que de se retrouver dans la situation de devoir rompre un engagement. Les choix importants – d'un conjoint, d'un métier, d'un syndicat ou d'un parti – étaient toujours faits « pour la vie ». La nécessité d'une réorientation en cours de route, si elle survenait, était jugée catastrophique. D'ailleurs, certaines publicités utilisaient un slogan qui serait plutôt dissuasif aujourd'hui : « Acheter cet objet, c'est l'acheter pour la vie ». Cela ne veut pas dire que certains choix ne soient pas faits avec ce désir. Mais, en vertu du principe selon lequel les contraires ne s'excluent plus, il coexiste maintenant avec son opposé et le dégagement peut brutalement faire place à l'engagement, ou le contraire.

Si les nouvelles technologies ne créent pas ce mouvement, elles l'accompagnent et l'amplifient. Dans les chats et les forums en ligne, par exemple, votre interlocuteur peut décider à tout moment de ne plus être là : il suffit d'un simple clic. Dans le monde des avatars, il est toujours possible de se téléporter ailleurs sans avoir de compte à rendre. Sur *Second Life*, c'est encore mieux : une touche interrompt le canal sonore qui vous permet d'entendre votre interlocuteur. Vous pouvez lui parler, mais vous n'entendez plus ce qu'il vous dit et il n'a aucun moyen de le savoir. Vous l'avez rendu « muet » pour vous ! Enfin, cette logique du désengagement trouve une application dans les jeux vidéo en réseau sous la forme de ce qu'on appelle les « quêtes ». Chaque joueur est invité à entrer en contact avec des « personnages non joueurs » (PNJ) qui lui proposent des tâches. Leur réalisation est récompensée par des pièces d'équipement (vêtements, armes...) ou par de la monnaie virtuelle permettant d'en acheter. Ces tâches peuvent être militaires – comme débarrasser un village d'un monstre qui terrifie les villageois – ou pacifiques – comme assurer la distribution du courrier dans une région éloignée. Le joueur a la possibilité d'accepter ou de refuser chaque nouvelle quête... mais il s'aperçoit vite que les accepter ne l'engage à rien. Une quête peut en effet être acceptée, commencée... puis abandonnée au profit d'une autre jugée plus intéressante. De la même façon, l'invitation à adhérer à une « guilde » – c'est-à-dire à un groupe de joueurs choisissant de partager les mêmes objectifs – s'accompagne souvent du rappel qu'il restera possible à l'adhérent de la quitter à tout moment.

Cette même attitude se retrouve aujourd'hui largement dans la vie réelle. La récente histoire politique française nous en a donné quelques exemples, lorsque certaines personnalités politiques françaises de gauche ont répondu à l'appel de Nicolas Sarkozy en prétendant n'avoir de compte à rendre qu'à leur fidélité envers elles-mêmes...

L'engagement amoureux, lui, a sans doute toujours répondu à cette définition, mais la nouveauté consiste dans la précocité avec laquelle les enfants d'aujourd'hui s'en emparent. Par exemple, un garçon de 9 ans m'a dit : « Plus tard, je me marierai pour la vie », pour ajouter aussitôt avec malice : « Et après, je divorcerai comme papa ! » Cela n'est pas contradictoire. Si on ne se marie pas « pour la vie », est-ce en effet vraiment la peine de se marier ? Mais si on ne se réserve pas la possibilité de divorcer, n'est-ce pas trop angoissant ? Bref, l'engagement « pour la vie » est aujourd'hui d'autant plus facile à prendre qu'il n'a rien de définitif. Quand le divorce était impossible, il fallait être fou pour se marier par amour ! L'amour est en effet volage et mieux valait fonder le mariage sur une communauté d'intérêts durables et bien pensés que sur des sentiments éphémères. Mais dans une culture où engagement rime avec dégagement, chacun acquiert la liberté de se marier plusieurs fois « pour la vie ». Le meilleur allié du mariage passionnel est le divorce facile.

Enfin, c'est la même chose dans la vie professionnelle. Il est aujourd'hui plus adapté de dire oui à diverses propositions contradictoires, en se désengageant ensuite de certaines, plutôt que de prendre le temps de réfléchir à chacune. Cette seconde attitude pourrait facilement être interprétée comme un refus potentiel. Inversement, l'accord donné à une proposition est rompu sans état d'âme si une autre plus intéressante survient. On aurait bien tort pourtant d'établir quelque lien de cause à effet entre ce comportement des jeunes dans les jeux vidéo et cette même attitude dans la « vraie vie ». Il est plus vraisemblable que l'un et l'autre sont liés à la façon dont les jeunes se sentent, aujourd'hui, les premières victimes de ces manipulations. Ils savent que les employeurs peuvent les embaucher et les débaucher sans autre précaution[1]. Bref, le droit qu'ils s'accordent de prendre et de laisser les tâches proposées est le reflet de ce qu'ils redoutent. Mais si les jeux vidéo ne sont pas à l'origine de cette nouvelle façon d'appréhender les relations, ils contribuent évidemment à la banaliser. Car si un autre joueur vous fait une proposition d'alliance ou vous demande conseil – tout cela par avatars interposés, bien entendu – et que vous ne répondez pas aussitôt, il risque bien de se détourner rapidement de vous et de courir vers d'autres joueurs !

Vivre un présent éternel

Jusque dans les années 1980, le lecteur ou le spectateur confronté à un saut temporel ou spatial était toujours accompagné. S'il s'agissait d'une bande dessinée, un texte placé en haut et à gauche lui indiquait par exemple : « Quelques années plus tôt », « Le lendemain » ou « À mille

1. Récemment, en France, le fameux « contrat emploi jeunes » a même tenté d'officialiser cette pratique en légitimant le licenciement non motivé.

kilomètres de là ». Et s'il s'agissait d'un spectateur de cinéma, il était guidé par un gros plan sur un calendrier ou sur une carte de géographie. Les changements de durée et de territoire étaient toujours clairement indiqués.

C'est l'espace qui a fait l'objet des premières ellipses. Le cinéma et les jeux vidéo ont commencé à familiariser les enfants avec la « téléportation » – tp en abrégé –, c'est-à-dire la possibilité pour un personnage d'utiliser une machine – appelée un « téléporteur » – pour quitter un espace et se trouver instantanément dans un autre. Les jeux numériques mis à la disposition des enfants ont rapidement fait de ces machines l'occasion de surprises continuelles : non seulement le joueur devait apprendre à les utiliser pour aller rapidement d'un point à un autre, mais en plus, il valait mieux pour lui comprendre rapidement ce qui lui arrivait quand l'une d'entre elles, rencontrée inopinément, le transportait instantanément sans qu'il l'ait choisi. Les repères spatiaux auxquels les générations précédentes s'étaient habituées se sont trouvés peu à peu effacés au profit d'une juxtaposition. La technologie qui consiste à montrer plusieurs actions simultanées ou successives sur plusieurs écrans juxtaposés est dans le prolongement de ces transformations. Et les repères temporels ont suivi. Dans un jeu vidéo, le joueur est invité à jouer « dans le présent » chacune des temporalités du jeu, même si celui-ci comporte des retours en arrière ou des projections dans l'avenir.

Il est vrai que les jeunes ont des raisons bien réelles de voir les choses ainsi. Ils ont appris très tôt, en voyant vivre leurs aînés, que la vie est une juxtaposition de partenaires, d'activités professionnelles et d'habitations. Aucun jeune ne grandit plus aujourd'hui en pensant que sa vie s'organisera avec un passé, un présent et un futur. Elle s'organise comme une succession de moments présents.

Du coup, les jeunes ne perçoivent plus leur engagement professionnel du point de vue de leur avenir – qui sait d'ailleurs ce qu'il sera ? – mais de leur seul présent. « Je ne ferai certainement pas ça toute ma vie » est aujourd'hui la phrase qu'on entend le plus souvent quand on parle avec de nouveaux diplômés. Bien sûr, ces propos désabusés sont pour une part le reflet de leurs inquiétudes, mais pas seulement : il ne faut pas s'étonner qu'une culture où les seniors font tout pour ne pas vieillir produise des jeunes qui envisagent de vivre un présent éternel !

8

Tous scotchés ?

Les espaces virtuels sont, pour ceux qui les fréquentent, un peu comme la télévision pour d'autres : tour à tour excitants, apaisants, anxiolytiques, voire antidépresseurs. Qui de nous n'a pas cherché un jour à chasser une pensée pénible en allant sur Internet ou en y restant plus longtemps que prévu, et qui ne s'est pas surpris à négliger quelque tâche familiale pour passer plus de temps sur la Toile ? Mais c'est parfois plus grave et cela concerne toutes les catégories sociales, même si la forme prise est différente. Par exemple, Jean-Baptiste, au chômage depuis six mois, préfère se contenter d'une aide sociale et passer ses jours et ses nuits sur *Second Life* plutôt que de chercher à se réinsérer, tandis qu'Isabelle, mariée à un riche ingénieur, justifie sa journée à économiser quelques euros en marchandant sur eBay. Parfois, ce sont même les enfants qui tentent de ramener leurs parents à la raison, comme ce garçon qui s'insurge contre sa mère qui vend sur eBay les jouets qu'il n'utilise plus sans lui demander son avis, ou cette adolescente qui exhorte sa mère à abandonner les séductions virtuelles pour se décider à entrer dans la « vraie vie ». Mais souvent, les enfants ne disent rien. Ils regardent leurs parents sans comprendre, prisonniers qu'ils sont de l'illusion que ceux-ci ont raison, à moins qu'ils ne les imitent en développant leur propre passion des écrans.

Pourtant, bien entendu, tous ceux qui fréquentent le virtuel ne sont pas appelés à devenir « accros », de la même façon que tous ceux qui trouvent plaisir à boire du vin ne deviennent pas alcooliques. Mais alors, qui le devient ?

La machine à oublier

Le maniement d'un ordinateur peut faire oublier la douleur. Ainsi, des enfants souffrant de maladies graves, notamment des tumeurs, pensent moins à leur douleur en jouant, ce qui permet de diminuer les doses d'analgésiques. Mais l'efficacité de l'ordinateur se révèle surtout redoutable pour faire oublier la tristesse et la dépression.

Comme me disait un jeune homme qui s'était mis à jouer après avoir vécu une grave déception affective : « J'avais besoin de penser que je m'en foutais. En jouant, j'ai oublié que je souffrais. Le problème, c'est qu'après, je me suis mis à me foutre de tout. »

Celui qui réduit son intimité à un grand cendrier, des canettes de Coca (pour la caféine) et un clavier ne joue évidemment plus pour le seul plaisir. Il est passé de l'autre côté. Il joue pour tenter d'échapper au déplaisir de penser à ce qui le tourmente. Le problème est que, très vite, le fossé entre la « vraie vie » et la « vie *on line* » s'accroît. Le joueur s'aperçoit que tout ce dont il tire fierté dans son jeu compte pour rien pour la plupart de ceux qui l'entourent. Il se replie sur son activité ludique, dans un cercle vicieux sans fin.

C'est le cas pour Maurice. Cet homme de 42 ans, employé dans une administration, vit seul. Depuis trois ans, il sort de moins en moins et refuse les invitations de ses amis. Parallèlement, il se connecte de plus en plus à Internet, notamment sur des sites pornographiques. Ces conduites ont commencé il y a trois ans, après qu'il a fait l'objet de reproches professionnels qu'il a jugés injustes. Puis elles se sont beaucoup aggravées au moment du décès, il y a deux ans, de sa grand-mère à laquelle il était très attaché. Il dit dormir peu, se passer souvent de manger, avoir honte…

La mise en route d'une dépendance à Internet est ainsi souvent le masque d'une souffrance psychologique. Le sentiment d'une injustice, un deuil difficile peuvent y précipiter. Elle n'est pas un moyen d'accroître le plaisir de vivre, mais une façon de tenter d'éviter de sombrer. Une étude britannique fait état d'une nouvelle pratique, le *wilfing* : elle consiste à surfer pendant des heures sur Internet sans but précis. D'après cette étude, 30 % du temps passé par les internautes britanniques sur le Web ne servirait à rien ! Si ce n'est, peut-être, à oublier la difficulté de vivre… La dépendance à Internet est en train de devenir un symptôme majeur de la dépression.

C'est aussi le cas chez les enfants. La dépendance aux jeux vidéo cache bien souvent un état dépressif[1]. Pendant longtemps, ces enfants se sont repliés sur leurs jeux traditionnels : ils passaient leur temps à dessiner, à lire des

1. 4 % des enfants scolarisés en primaire sont réputés déprimés.

bandes dessinées ou à traîner dans des terrains vagues. Mais aujourd'hui, ils trouvent dans les jeux vidéo une activité dont ils voient vite tous les avantages. Elle est attrayante et motivante. Les troubles de l'attention n'y sont pas vraiment graves puisque la machine s'adapte au rythme du joueur. En plus, la persévérance y compense largement la lenteur : à force de répéter les mêmes épreuves, l'enfant déprimé devient aussi performant que des enfants plus habiles et rapides, mais qui jouent moins. Plus l'enfant passe du temps à jouer et plus ses performances scolaires s'effondrent, mais plus son jeu lui apporte des gratifications suffisamment nombreuses pour qu'il ne s'en soucie pas.

Des gratifications pour tous les goûts

Loin de nous l'idée que les jeux vidéo soient une source de plaisirs sans fin, une sorte de nirvana pour adeptes de paradis artificiels. Beaucoup d'épreuves y sont difficiles, et si certains jeux permettent d'y faire face seul – comme *World of Warcraft* –, d'autres nécessitent une coopération avec d'autres joueurs, comme *Final Fantasy*. Autant dire que la capacité de pouvoir gérer les relations sociales peut jouer un rôle aussi important dans les jeux que dans la vie.

Mais on ne peut pas nier non plus que les jeux vidéo organisent un système de gratifications redoutables. Certaines sont comparables à celles qu'on trouve dans les jeux d'argent : un geste amène une récompense, par exemple sous la forme de pièces d'or virtuelles. Mais d'autres relèvent d'une vie sociale réelle, même si elles se déroulent entre *aficionados*. En fait, c'est l'imbrication de ces deux formes de gratifications qui rend beaucoup d'adeptes rapidement captifs. En pratique, ces gratifications proviennent soit du logiciel lui-même, soit des autres joueurs présents dans le jeu, soit enfin de l'entourage proche, les pairs… et parfois la famille !

Commençons par les gratifications procurées par les logiciels. Le joueur débutant est en effet accueilli avec beaucoup de sollicitude. Dans *World of Warcraft*, par exemple, chaque coup d'épée (ou chaque sort) jeté sur un petit rongeur fait clignoter l'inscription : « Votre compétence en armes lourdes (ou en sorcellerie) a augmenté de 2 points. » On comprend qu'un enfant qui s'échine sur des opérations mathématiques en devant attendre le lendemain pour savoir s'il a « juste ou faux » préfère jouer à de tels jeux !

Une deuxième source de gratifications vient, dans les jeux en réseau, des autres joueurs eux-mêmes. Les parents en butte à l'agressivité de leur adolescent n'imaginent pas à quel point leur monstre domestique peut se transformer en chevalier altruiste ou en sorcier protecteur ! Dans des jeux en réseau comme *Dark Age of Camelot* ou *World of Warcraft*, des inconnus vous viennent constamment en aide et se montrent généreux avec vous. C'est que les aventures menées par chacun lui permettent d'amasser un nombre considérable d'objets dont il ne peut utiliser qu'une infime partie. Vous entrez en effet dans ces jeux en vous choisissant une identité, et celle-ci détermine les objets qui vous sont utiles parmi tous ceux que vous découvrez ensuite. Par exemple, si votre avatar est un sorcier jeteur de sorts, les épées, cuirasses et autres boucliers que vous trouverez tout au long de votre chemin ne vous serviront à rien. Vous pouvez bien sûr décider de les abandonner en cours de route, mais il est toujours préférable de se faire des amis et, pour cela, de les donner par exemple à un jeune chevalier débutant à qui ils seront bien utiles. De la même façon, vous pouvez aider une créature moins expérimentée que vous à franchir rapidement les étapes de sa formation en l'aidant à tuer quelques monstres ou en lui faisant cadeau d'objets dont il a besoin pour monter une expédition. Mais n'en déduisons pas trop vite que ces jeux sont des écoles de compassion. Les règles de la « vraie vie » s'y appliquent aussi : trahisons et mensonges sont au rendez-vous du virtuel quotidien !

Enfin, une troisième source de gratifications vient de l'entourage. Réussir certains jeux difficiles assure de l'estime, voire de l'admiration de ses pairs. Alors que l'enfant qui a de bons résultats scolaires est volontiers traité de « fayot » ou de « lèche-cul » par les autres élèves, celui qui réussit des jeux complexes suscite l'admiration de tous. C'est que les élèves ne se vivent pas égaux devant le savoir scolaire car ils comprennent vite que certains d'entre eux bénéficient d'un soutien familial – voire extrascolaire – qui fait défaut à d'autres. En revanche, ils se vivent comme égaux devant les jeux vidéo où personne n'est aidé par ses parents. Du coup, les performances de chacun y sont rapportées à ses seuls mérites.

Il arrive ainsi que la pratique du jeu devienne la source principale de renforcement de l'estime de soi d'un enfant ou d'un adolescent, ce renforcement étant lui-même un moyen de lutter contre la dépression. C'est donc évidemment par la dépression qu'il faut commencer lorsqu'on souhaite prendre en charge de tels jeunes, avant de toucher à l'activité de jeu proprement dite.

Mais une gratification supplémentaire vient parfois de là où on l'attend le moins, les parents ! C'était le cas pour « Capitaine Blood ».

Ce garçon de 19 ans, lycéen en terminale, est issu d'une famille de cadres supérieurs. Ses parents sont très absorbés par leur vie professionnelle et ne consacrent que peu de temps à leurs deux enfants, Christophe (c'est son nom) et sa sœur âgée de 17 ans. Il a été surnommé « Capitaine Blood » par ses camarades, du nom de son avatar dans un jeu en réseau où il passe plusieurs heures par jour. Depuis un an, ses résultats scolaires sont en baisse. Il n'a jamais été un élève brillant, mais il se maintenait jusque-là à la moyenne sans trop d'efforts. Puis son attention au travail a décliné, et ensuite ses résultats. Et chacun se demande dans sa famille s'il se ressaisira à temps pour le baccalauréat. En outre, Christophe rencontre moins ses copains, sauf un qui passe le voir chaque mercredi après-midi et avec lequel il joue. Enfin Christophe, qui sort de moins en moins, participe aussi de moins en moins à la vie domestique.

C'est la mère du garçon qui relate cette situation et vient demander de l'aide. Elle s'inquiète, mais se déclare en même temps fière du grade qu'a obtenu son fils dans ce jeu et de la reconnaissance de ses camarades : il élabore les stratégies de son groupe, passe des alliances, se comporte en fin stratège, etc. Bref, cette mère s'est intégrée dans le système de gratifications qui désocialise Christophe. C'est la famille qui a besoin d'être aidée !

Et j'ai vu pire. Un adolescent déscolarisé qui passait ses nuits à jouer en réseau avait demandé à ses parents un ordinateur plus puissant pour Noël. Il en a reçu deux, un de la part de son père et un autre de la part de sa mère, qui ne s'étaient pas concertés ! Quand la communication entre les parents est aussi défaillante, et la complaisance vis-à-vis de l'activité ludique aussi évidente, il ne faut pas s'étonner que l'isolement aille croissant. Dc la même façon, un jeune homme de 21 ans, désocialisé et vivant chez ses parents, a reçu pour son anniversaire un ordinateur portable afin qu'il puisse jouer en restant au lit ! Ce garçon, qui ne sortait presque plus de la maison, se voyait ainsi indirectement encouragé à réduire encore plus ses déplacements. Dans une telle situation, on peut se demander si les parents n'ont pas le désir que leur enfant finisse par ne plus quitter le lit, et reste chez eux dans un état qui évoque moins l'adolescence prolongée que la petite enfance éternelle…

Gérer l'excitation

Deux adolescentes avaient pour habitude d'aller chaque nuit sur Internet pour échanger des propos pornographiques avec des inconnus. Comme leur état de santé inquiétait, il fut décidé de les hospitaliser. Mais l'hôpital interdisait les connexions Internet nocturnes. Le lendemain, elles se retrouvèrent toutes les deux à se prostituer ! Il s'avéra par la suite que chacune avait été victime de sévices sexuels dans sa petite enfance. Ce fait bouleversa évidemment l'équipe, qui se mit à réfléchir à la façon dont l'usage d'Internet peut *empêcher* le passage à l'acte chez certaines personnes, alors qu'il passe au contraire toujours pour le *faciliter*. Certains membres de l'équipe prononcèrent le mot de « catharsis ». Pourtant, il ne convient guère ici. Il a en effet été proposé par le philosophe grec Aristote pour rendre compte des conséquences d'un fait bien précis : la mise en scène, devant le peuple d'Athènes rassemblé, des grandes batailles de son passé afin que les spectateurs abandonnent toute crainte et toute pitié face à leurs ennemis. La catharsis est ainsi dès l'origine associée à l'idée du rassemblement d'une communauté et de sa préparation à des combats à venir.

L'usage d'Internet par ces adolescentes relève évidemment d'une autre logique. Il semble être utilisé comme une forme de « pare-excitation ». Sous ce mot, Freud désignait la capacité psychique qui permet de réduire l'impact des excitations excessives. Il peut s'agir d'excitations d'origine externe – comme un bruit violent –, mais aussi d'excitations d'origine interne, à commencer par les excitations sexuelles. En échangeant des propos pornographiques sur Internet, ces deux adolescentes détournaient une excitation sexuelle insupportable – liée aux sévices précoces dont elles avaient été l'une et l'autre victimes – vers des propos outranciers. Elles tentaient ainsi de réduire une excitation autrement impossible à maîtriser. Il arrive ainsi que l'excès d'excitation ressenti dans le corps soit détourné vers Internet.

Cette situation est fréquente chez les adolescents. Leur corps change sous la pression de la puberté, et des forces nouvelles et inconnues les traversent. Ils découvrent l'attirance pour l'autre sexe, mais aussi la « haine » qui n'a plus rien à voir avec la simple agressivité qu'ils pouvaient éprouver auparavant, lorsqu'ils étaient encore enfants. Submergés d'excitations qu'ils craignent de ne pas pouvoir maîtriser, ils tentent de reporter sur l'environnement leur désir de maîtrise.

Mais si l'excès d'excitation peut être une source d'angoisse, son manque ne l'est pas moins, comme le montre le théâtre de Samuel Beckett, et l'angoisse qu'il nous communique. Quiconque a vu les efforts de ses personnages pour maintenir leur vie psychique n'est pas près de les oublier. Aujourd'hui, bien des adolescents qui se scarifient ou se tatouent sont dans la même angoisse. Ils tentent de se sentir vivants en se faisant mal. La plupart d'entre eux ne se maltraitent pas pour se sentir actifs, mais plus simplement pour continuer à se sentir vivants.

C'est que nous sommes tous terrorisés par deux excès opposés : des excitations si intenses qu'elles nous submergent, ou si pauvres que nous avons l'impression d'être déjà morts... C'est pourquoi les adolescents ont toujours été tentés par des situations à fort potentiel excitant : les sports extrêmes, les musiques excessives, les images violentes, ou encore les diverses drogues psychotropes. Le mobile et Internet ne font que s'ajouter à cette panoplie. Gérer plusieurs conversations en parallèle, en *live* et en *off*, est devenu pour eux un nouveau sport. Dans leur main – et dans la nôtre –, le téléphone devient une source d'excitations dont ils peuvent à tout moment contrôler l'intensité et les effets.

Cette fonction de régulation émotionnelle du mobile

conduit parfois à en parler comme d'une sorte de doudou. D'un côté, il a le pouvoir d'apaiser ceux qui cherchent le repos : certains d'entre nous dans le métro ou les compartiments de chemin de fer s'assoupissent doucement en caressant le leur. Mais, d'un autre côté, il en tient réveillés d'autres par ses clignotements, ses musiques et les messages enregistrés de nos divers interlocuteurs. Bientôt, il communiquera probablement des sensations thermiques et olfactives. Mais ce n'est qu'un début. Le mobile de demain sera totalement « affinitaire » : entendons par là qu'il proposera à son propriétaire des programmes spécialement adaptés à ses attentes et à ses centres d'intérêt. L'interaction qui en résultera sera donc sur mesure, chacun pouvant croire que son téléphone le « comprend » et sait s'adapter à ses souhaits. L'illusion sera totale. Comme un parent ou un ami compréhensifs, le téléphone mobile proposera un merveilleux dialogue. Il sera devenu lui-même notre interlocuteur.

L'angoisse de l'effondrement

De toutes les angoisses dont les nouvelles technologies prétendent nous soulager, celle de l'abandon et de la solitude est incontestablement la première. Nous l'avons tous vécue précocement, et nombreux sont ceux chez lesquels elle a été réveillée par des expériences traumatiques précoces comme des séparations inopinées ou des deuils.

Mais chez certains d'entre nous, cette inquiétude a une dimension supplémentaire. Il ne s'agit pas seulement de l'inquiétude de se retrouver seul, mais de celle de « s'effondrer », c'est-à-dire d'être littéralement annihilé par la séparation.

Le psychanalyste anglais Winnicott nous a donné la clé de cette situation. Pour lui, cette crainte est la trace, projetée sur l'avenir, d'un effondrement qui a déjà eu lieu [1]. Si celui à qui cela est arrivé le redoute autant, c'est parce qu'il ne s'en souvient pas. Et s'il ne s'en souvient pas, c'est parce que l'événement est advenu à un moment où sa personnalité n'était pas encore suffisamment constituée pour réaliser ce qui lui arrivait. La rencontre entre l'événement et le sujet ne s'est pas produite parce que le sujet n'était pas au rendez-vous.

Le téléphone mobile donne parfois un visage à cette angoisse. En nous procurant à tout moment la possibilité de nous raccrocher à quelqu'un, il transforme la crainte de l'effondrement en angoisse d'être abandonné. Mais ce sont surtout les jeux vidéo dans lesquels le joueur intervient avec un avatar qui me paraissent constituer l'espace privilégié de lutte contre cette angoisse, au risque que ceux qui s'y engagent s'y perdent tout à fait. Car l'avatar ne s'effondre jamais ! Il est, du coup, le plus sûr moyen de nous protéger contre cette inquiétude.

La prise en charge des diverses formes de dépendance aux nouvelles technologies doit tenir compte de telles situations.

Lorsqu'il y a affaire, le rôle du thérapeute est d'informer le patient sur deux choses. Tout d'abord, l'agonie primitive a déjà eu lieu, et ensuite le patient y a survécu. La crainte

1. Winnicott D.W., « La crainte de l'effondrement » (1974), *Nouvelle Revue de psychanalyse*, Gallimard, 1975, p. 35-44.

qui mine sa vie est donc doublement inutile : d'abord, parce que l'événement est passé – la menace n'est pas actuelle – et, ensuite, parce qu'il a été capable d'y survivre avec des moyens psychiques bien loin d'être aussi efficaces que ceux qu'il a mis en place depuis en devenant adulte. La crainte de l'effrondrement est un fantasme qui cache un souvenir. C'est en lui restituant ces deux dimensions qu'elle peut être dépassée.

Le meilleur et le pire

Dans l'intimité des relations que nous établissons avec elles, nos machines sont donc devenues capables de nous apporter le meilleur comme le pire. Cela est dû à leur pouvoir de nous faire renouer avec les bonheurs et les angoisses qui ont marqué nos premières relations au monde. Si celles-ci ont été satisfaisantes, l'usager en profite pleinement. Elles sont pour lui l'occasion d'explorer de nouveaux territoires de son propre imaginaire, d'y acquérir une compétence reconnue par les proches, d'y interagir, d'y faire des rencontres… En revanche, l'aventure tourne souvent au vinaigre quand cette histoire précoce a été marquée par des sentiments intenses de frustration, de désarroi narcissique et d'insécurité. Les espaces virtuels réveillent tout particulièrement ces meurtrissures cachées, et comme celui qui se trouve dans cette situation n'a pas envie de souffrir à nouveau, il tente de se guérir. Le problème est qu'il est tenté de le faire là où ces blessures ont été réveillées, c'est-à-dire dans les espaces virtuels.

Parfois, la guérison réussit. C'est notamment le cas lorsque l'usager du virtuel y rencontre une parole vivante venue de ces espaces eux-mêmes – celle d'un autre usager – ou, à la rigueur, celle d'un proche qui se situe en dehors, mais les connaît et sait en parler. Mais le plus souvent, un cercle vicieux s'installe dans lequel la fréquentation de ces mondes parallèles réveille des frustrations qu'elle est incapable de combler. Au risque que l'usager du virtuel fasse de son ordinateur le centre d'un monde de plus en plus étriqué et jamais vraiment gratifiant, jusqu'à un isolement social parfois très grave.

Ainsi s'explique que certains se soignent dans les espaces virtuels alors que d'autres y vont de plus en plus mal. Lorsqu'une personne qui a intériorisé des figures parentales secourables tente d'y soulager des douleurs passagères, le remède marche en général assez bien. En revanche, s'il s'agit de soigner une souffrance ancienne profondément enracinée dans la personnalité, l'échec est souvent au bout du chemin, avec le risque d'avoir constitué, en route, une forme de dépendance.

Pour ceux qui sont dans cette situation, l'ordinateur n'est plus le moyen d'obtenir un plaisir, mais de lutter contre un déplaisir. Et plus l'angoisse de ce déplaisir est vive, plus le remède du virtuel risque de devenir un poison. Cette angoisse peut s'appeler sentiment de solitude ou peur d'être abandonné, mais aussi correspondre à l'inquiétude d'une catastrophe imminente dont il faut à toute force chasser la pensée. La pratique du virtuel risque alors d'alimenter l'illusion d'une seconde vie tenue à l'écart des aléas de la « vraie ». Le problème est que cette seconde vie risque peu à peu de faire apparaître la première comme sans saveur, voire dangereuse…

Gardons-nous toutefois de considérer trop vite les dépendances aux mondes virtuels comme des moyens de tenter d'échapper à la réalité. Il existe certes des personnalités qui sont tentées de la fuir, mais aussi des circonstances pénibles qui encouragent temporairement cette attitude. Par exemple, c'est bien souvent lorsqu'un enfant souffre d'un défaut de communication dans sa famille qu'il s'adonne aux jeux vidéo, et pas le contraire. De la même façon, un usager d'eBay jusque-là réaliste peut se transformer en enchérisseur passionnel à la suite d'une rupture amoureuse ou d'un deuil : il cherche les enchères pour elles-mêmes, dort de moins en moins, réduit ses relations sociales. De tels changements inopinés ne sont pas rares chez les personnalités brutalement soumises à un choc traumatique, comme une rupture sentimentale, une déception professionnelle, une crise sexuelle… C'est dans ces circonstances que certains deviennent des « accros » du cybersexe, tandis que d'autres se découvrent une passion pour les casinos en ligne, et que d'autres encore deviennent des « fous de travail » alors que leur situation ne le justifie pas. Toutes leurs forces sont mobilisées pour éviter de penser à ce qui les fait souffrir. En d'autres termes, il semble bien qu'il faille avoir eu – et avoir – un minimum de satisfactions et de gratifications dans la « vraie vie » pour faire un bon usage du virtuel…

III

Jamais sans mon avatar : ma vie dans le virtuel

Les nouvelles technologies ne transforment pas seulement nos relations avec nos proches, elles bouleversent aussi notre rapport à la réalité. C'est ainsi qu'un soir, je suis allé sur *Second Life* et que le lendemain matin je me suis réveillé en me disant : « Finalement, c'était bien agréable de passer cette soirée à parler avec cette fille sur la plage en écoutant le bruit des vagues. » En réalité, bien sûr, j'avais passé ma soirée assis devant mon ordinateur. M'étais-je endormi et avais-je rêvé ? Pas tout à fait. Mon avatar avait bien passé la soirée sur une plage en compagnie d'une charmante créature d'apparence féminine. Je ne sais pas, et ne saurai probablement jamais, si mon interlocuteur d'un soir était en réalité de sexe masculin ou féminin, mais l'image de cette femme s'est gravée dans mon souvenir aussi sûrement que si elle était réelle. Elle n'est pas restée gravée en moi comme un rêve auquel j'aurais assisté, mais comme une réalité avec laquelle j'ai interagi. Une réalité que j'ai choisi de faire exister et à laquelle j'ai choisi de croire. Mais une réalité qui est, fondamentalement, indécidable, et à laquelle je peux donner le statut qui me convient. Avec le virtuel, le règne de l'indécidable étend son empire bien au-delà de ce que le téléphone et la télé-réalité ont inauguré. Chacun devient libre de donner à ce qui l'entoure le degré de réalité qui l'arrange.

Mais avant d'envisager cette caractéristique de l'espace virtuel, disons quelques mots des domaines où il prolonge une chaîne ininterrompue de traditions. Car le virtuel n'a pas que des aspects qui décoiffent ! Et si nous ne savons pas reconnaître les aspects par lesquels il porte des désirs anciens avec des moyens nouveaux, nous risquons bien de voir de la nouveauté partout et de ne plus rien y comprendre !

Les mondes numériques ne font en effet que prolonger, avec leurs moyens propres, les ambitions qui ont dominé la tradition picturale occidentale. Par exemple, le Tintoret, en plein XVIe siècle, désirait intégrer les spectateurs de ses tableaux dans les scènes qu'il peignait. Le virtuel nous propose d'y interagir avec un avatar, et c'est encore mieux ! Murillo, un siècle plus tard, souhaitait faire ressentir les émotions de ses créatures peintes aussi intensément que s'il s'agissait de vraies personnes. Aujourd'hui, certains joueurs établissent avec des personnages de jeux vidéo une connivence émotionnelle si étroite qu'ils leur semblent plus proches que les membres de leur famille vivant près d'eux. Quant au très célèbre Raphaël, il s'était créé, à la Renaissance, la réputation de peindre ses modèles « plus vrais que nature ». Or le virtuel étend ce pouvoir à tout ce qu'il met en scène : l'herbe des champs, le pelage des animaux, le bruissement du vent dans les feuilles, les rayons d'un soleil couchant au fond d'un sous-bois, tout y est comme purifié et sublimé…

Pourtant, c'est vrai, le virtuel crée aussi une rupture, car il propose non seulement à ses spectateurs d'entrer dans les visions d'un créateur, mais d'explorer leurs propres rêves comme s'ils y étaient. Là où les fictions traditionnelles nous font éprouver des émotions vraies dans des situations que nous savons inventées, le virtuel nous incite à entrer dans des mondes imaginaires et à y interagir. L'entreprise n'est pas sans risque. Wim Wenders le montre dans son film *Jusqu'au bout du monde*. Un savant veut permettre à sa femme devenue aveugle de voir à nouveau le monde. À défaut de lui rendre la vue, il met au point une machine qui lui met devant les yeux les images de ses souvenirs comme s'il s'agissait de la réalité. Mais cette machine est rapidement détournée de son usage par ceux qui désirent entrer dans le monde de leurs rêves secrets. Ceux-là ne cherchent pas à voir leurs souvenirs, mais leurs fantasmes. Et, bien entendu, le spectacle est si captivant qu'ils en oublient vite de vivre et de manger, jusqu'à se laisser mourir…

Même si nos écrans n'ont pas encore ce pouvoir, la relation que nous avons avec eux se tient sur ce fil. Ce qu'ils contiennent n'est ni absolument vrai ni totalement imaginaire. À mi-chemin entre ces deux pôles, les mondes virtuels sont des portes qui peuvent mener, selon la direction que l'on prend, d'un côté ou de l'autre. Et c'est dans tous les cas l'usager qui décide, d'où leur immense pouvoir de fascination, et aussi leurs dangers. Car, avec eux, il devient plus facile que jamais de refuser les réalités qui gênent…

Pour mesurer l'enjeu de ces changements, rappelons que Freud a distingué trois fonctions du moi : la construction du sens du réel, la constitution de l'identité et de l'estime de soi, et enfin la gestion des émotions contradictoires – au premier plan desquelles, bien sûr, l'amour et la haine. Ces pôles sont complémentaires et les diverses pathologies s'organisent toujours autour des trois ensemble, avec bien entendu une prédominance de l'un ou l'autre selon les cas. En revanche, il est incontestable que le fonctionnement psychique dominant s'est largement transformé depuis Freud. La possibilité d'aimer et de haïr dans le même temps a été reconnue, la culpabilité a perdu de l'importance qu'elle avait au début du XXe siècle et la banalisation de la sexualité a contribué à lever le refoulement qui causait bien des tracas à nos arrière-grands-mères (nos arrière-grands-pères étaient invités, eux, à lever le leur dans les maisons closes…). En même temps, l'accent mis sur la compétitivité professionnelle, voire sur l'« excellence », a suscité le développement de nouvelles pathologies dites narcissiques… avec le risque de les mettre un peu à toutes les sauces et d'oublier que les traditionnels conflits émotionnels et le refoulement des sentiments hostiles font encore des ravages, notamment en cas de deuil.

Mais on n'arrête pas le mouvement, et ce que nous observons aujourd'hui semble indiquer que nous entrons dans une période où le déni du réel est appelé à prendre une place considérable. La société qui se dessine ne sera plus celle du refoulement, ni même de l'exigence d'être soi et de la fatigue qui peut en résulter, mais celle du déni. D'autant plus que, dans le virtuel, le lien ne passe plus par le corps et le toucher, mais uniquement par le regard. Or, de tous les sens, la vue est incontestablement le plus magique. En excluant le toucher, le passage par le virtuel exclut le sens le plus démystificateur. Et, en valorisant le regard, il encourage toutes les formes de déni.

9

Vrai ou faux, c'est moi qui décide !

En réalité, le règne de l'indécidable n'a pas commencé avec les avatars, mais avec les répondeurs téléphoniques. C'est ainsi que pendant longtemps, en rentrant chez moi le soir, j'ai trouvé sur le mien des messages comme celui-ci : « Bonjour, Serge. Coucou ! Tu es là ?… Réponds-nous, on t'a entendu. » Puis ma mère s'adressait à mon père – ou le contraire : « Il n'est pas là, pourtant je l'ai entendu. » Et mon autre parent de répondre : « Parle-lui encore. Si tu l'as entendu, c'est qu'il n'est pas loin. »

Mon père et ma mère, qui avaient grandi dans un monde où les répondeurs n'existaient pas, ne se sont jamais habitués à cette boîte magique. Ils se sont longtemps adressés à elle comme Aladin à sa lampe. Ils lui parlaient doucement, persuadés que leur interlocuteur allait en surgir. Mes parents n'avaient pas tout à fait tort. C'est une étrange situation, en vérité, que celle où nous sommes invités à nous adresser à quelqu'un sans savoir s'il est là ou non, mais où nous devons faire le pari qu'il nous écoute pour augmenter nos chances de le rendre présent. Un peu comme si notre interlocuteur nous disait : « Si vous ne me trouvez pas, faites comme si j'étais là… et j'apparaîtrai peut-être pour vous ! »

Nos répondeurs nous ont ainsi introduits, sans même que nous nous en rendions compte, à une relation qui n'est ni tout à fait réelle ni non plus tout à fait imaginaire. Dans une relation réelle, en effet, notre interlocuteur est bien présent et visible, tandis que dans une relation imaginaire, nous savons que nous n'avons affaire qu'à l'image que nous nous faisons de lui. La relation au répondeur téléphonique est différente à la fois de l'une et de l'autre. Nous sommes invités à penser notre interlocuteur comme présent sans avoir aucun moyen de vérifier si cette présence est réelle ou imaginée. Parfois, notre interlocuteur est bien là, en train de « filtrer » les messages, et lui parler suffit à le faire apparaître. D'autres fois, il est absent, éventuellement pour plusieurs semaines, et nous restons à nous ronger, pendant tout ce temps, sans parvenir à savoir si notre message a bien été reçu et ignoré, ou si nous pouvons espérer encore… La façon dont nous réagissons à une telle situation dépend bien entendu de notre interlocuteur et de notre humeur du moment. Mais qui peut nier que, parmi toutes ces possibilités, nous ayons chacun tendance à en *privilégier* une, toujours la même ? Par exemple, lorsqu'elle tombe sur mon répondeur, Pascale m'explique toujours la raison de son appel, tandis que Régis me somme de le rappeler au plus vite et que Laurence cache mal sa colère de devoir laisser un message. Bref, chacun réagit selon sa personnalité autant que selon les circonstances. Comment comprendre ce pouvoir qu'ont nos répondeurs de révéler nos profils de personnalité ? C'est, je crois, parce que cet appareil nous met chacun dans une situation que nous n'avons probablement pas tous vécue, mais que nous avons tous imaginée et redoutée : celle d'être confrontés, lorsque nous étions enfants, au visage de notre mère soudain aussi immobile qu'une machine à l'arrêt !

« *Réponds-moi, réponds-moi vite !* »

Des chercheurs américains ont imaginé de filmer les diverses attitudes possibles d'un bébé confronté à une mère qui garde quelques instants le visage totalement figé à la demande d'un examinateur [1]. Ces mères, ni vraiment absentes ni vraiment présentes, suscitent chez leur enfant des réactions étrangement proches de celles que nous adoptons quand nous nous préparons à interagir avec un interlocuteur et que nous sommes brutalement confrontés à son répondeur. D'une façon qui n'est guère surprenante, l'enfant manifeste d'abord de l'affolement. N'est-ce pas souvent la même chose lorsque nous trouvons une machine à la place de l'interlocuteur que nous attendions ? D'ailleurs, beaucoup d'entre nous, dans cette situation, commencent par raccrocher…

Dans un second temps, la plupart des bébés cherchent à rétablir le contact perdu. Et là encore, l'analogie s'impose

1. Expérience dite du *still face*. Trevarthen C., « Learning about ourselves, from children : why a growing human brain needs interesting companions », Research and Clinical Center for Child Development, *Annual Report 2002-2003*, n° 26, p. 9-44.

avec notre attitude face à un répondeur, puisque, après un bref moment de déstabilisation, la plupart d'entre nous se mettent à parler. L'éventail de nos réactions n'a alors rien à envier à celui des enfants confrontés au visage immobile de leur mère.

Commençons par ceux-ci. Les plus jeunes essayent de rétablir la relation par des mimiques et des gazouillis tandis que les plus âgés tentent d'obtenir une réponse explicite. Ils demandent par exemple à leur mère : « Qu'est-ce qui t'arrive ? », « Tu es malade ? », « Ça ne va pas ? », ou même : « Reviens ! » Inutile de préciser que, dans ces expériences, la mère doit faire de grands efforts pour ne pas répondre aux sollicitations de son enfant ! Mais c'est important qu'elle garde encore le visage impassible quelques instants, car ce qui se passe après est de la plus haute importance. Bientôt, les bébés changent en effet d'attitude et ce changement révèle leur personnalité : certains continuent à essayer de ranimer leur mère, d'autres s'abandonnent à la tristesse ou au désarroi, tandis que d'autres encore se détournent d'elle pour faire autre chose. Enfin, dans tous les cas, aussitôt que le parent adopte une attitude à nouveau normale, l'enfant a besoin d'un peu de temps pour accepter la nouvelle situation. Il semble méfiant.

Revenons à nos répondeurs. Passé la première surprise, nous réagissons chacun avec notre personnalité propre. Il y a ceux dont le message trahit l'angoisse : « Peut-être êtes-vous absent pour longtemps ? Appelez-moi dès que vous avez ce message » (les propos échangés plus tard révéleront bien souvent que le message n'était guère important, et encore moins urgent). D'autres s'énervent : « C'est moi, réponds-moi si tu es là, espèce de… ! » D'autres encore tentent de masquer leur désarroi derrière un long monologue où le contenu de leur message finit par se perdre. Parmi eux, quelques-uns ne peuvent pas s'empêcher d'imaginer que leur interlocuteur les écoute peut-être en cachette… Ils font comme ces enfants qui décident de ne pas faire attention au visage immobile, et parlent comme si de rien n'était en se disant que leur mère finira bien par répondre. D'autres se font suaves : ils s'efforcent de répondre à cette voix froide par des intonations chaudes, au risque d'en faire trop. Et si leur message est trop long et que le répondeur leur coupe la parole au milieu d'une phrase, ils recommencent tout comme un rituel expiatoire. D'autres au contraire ne rappellent pas, même si une information importante manquait à leur premier message, comme une adresse ou un numéro de téléphone. Est-ce parce qu'ils sont traumatisés ?

Même si la prudence conseille de ne pas établir un lien trop précis entre ces diverses situations et les expériences du « visage immobile », force est de reconnaître que l'éventail des réponses est le même dans les deux cas : angoisse, agitation, tentative de réanimation, va-et-vient, retrait… Les réactions vont de la résignation muette, qui conduit à raccrocher, au monologue désespéré ou désespérant, en passant par toutes les variétés de la séduction enjouée et de la menace plus ou moins voilée.

Bref, nos répondeurs ont le pouvoir de nous transformer tous en bébés angoissés face au visage immobile de notre mère. Comme quoi nos expériences les plus anciennes sont parfois réveillées par les technologies les plus récentes. Et ce qui se passe dans nos relations à nos répondeurs n'est rien à côté de ce que mobilisent les mondes virtuels !

Disparaître d'un seul clic

Parfois, la créature de pixels qui figure notre interlocuteur est étrangement immobile. Son apparence évoque une marionnette abandonnée sur une étagère… Et même lorsque l'avatar bouge, c'est toujours de façon mécanique, avec des gestes stéréotypés. D'où sans doute le succès de ceux auxquels un programmeur talentueux confère des mimiques et des attitudes qu'on ne voit nulle part ailleurs : ils semblent échapper au monde mécanique pour entrer dans celui du vivant ! Mais le plus souvent, l'avatar évoque plus le mort que le vif. Autant dire qu'il met à rude épreuve… Lorsqu'un répondeur téléphonique nous déroute, nous avons au moins la possibilité de raccrocher et de rappeler plus tard avec l'espoir de tomber sur notre interlocuteur. Avec l'avatar, rien à faire, il faut s'en contenter. Comme lorsqu'un bébé est confronté au visage immobile de sa mère, il y a alors ceux qui tentent de communiquer à tout prix, ceux qui renoncent de suite, ceux qui deviennent agressifs ou grossiers… En fait, chacun réagit en fonction des images parentales qui l'habitent. Si celles-ci sont fiables, vous vous engagez facilement dans les échanges en décidant de croire que votre interlocuteur est bien là et vous écoute. Si, au contraire, vous êtes habité par des images parentales hostiles, versatiles ou inattentives, les mondes virtuels ne sont pas pour vous.

Mais si l'avatar dissuade la communication par son caractère mécanique et désincarné, il l'encourage par un autre aspect : l'anonymat. Si donner son identité est la règle au téléphone, la cacher est habituel dans les mondes virtuels. Autant dire que certains sont incités à toutes les hardiesses. Mais si l'audace est facile, elle est souvent peu payante : car la fuite y est aussi la chose la plus facile du monde.

L'être humain a toujours pu échapper à une relation désagréable en choisissant de l'interrompre, et il a toujours multiplié les liens afin de réduire le risque de se sentir abandonné. Bien avant les mondes virtuels, le téléphone a amplifié cette attitude : alors que Don Juan devait se déplacer physiquement d'une femme à l'autre pour convaincre chacune de son amour, le possesseur d'un téléphone peut faire la même chose sans quitter sa chambre et même, avec son téléphone mobile, son compartiment de train ou sa place de restaurant ! Et lorsque son téléphone est muni d'un visiophone, il peut même embrasser langoureusement chacune de ses conquêtes, à quelques secondes d'intervalle, bouche contre bouche, par écrans interposés.

Les mondes virtuels ont rendu ces dérobades plus faciles encore, puisque chacun peut échapper à son interlocuteur d'un simple clic. Du coup, rien n'est jamais honteux et tout ce qu'il nous semble impossible à faire dans la « vraie vie » y devient possible. Ces mondes semblent conçus pour que la honte n'y existe pas. Dans la honte, nous avons en effet l'impression que tout le monde nous regarde et nous sommes désespérés de ne pas pouvoir nous échapper. Nous évanouir dans une rainure du plancher ou nous envoler par la fenêtre sont nos souhaits les plus chers, mais c'est évidemment impossible.

Dans les mondes virtuels, au contraire, disparaître sans laisser de trace ne pose aucun problème. La relation est maintenue le temps où elle gratifie ou rassure, et interrompue aussitôt qu'elle frustre ou inquiète. Il est du coup possible à chacun de la vivre pour le meilleur... et d'y échapper aussitôt qu'elle menace. Dans ces mondes, vous êtes assuré de ne jamais voir rougir vos interlocuteurs, ni de devoir rougir de ce que vous leur dites !

Rien d'étonnant donc si les liens tissés dans ces espaces sont souvent idéalisés : ils sont aménagés de façon à permettre à leurs usagers d'échapper à tout moment au risque de la désillusion. Du coup, ceux qui la fréquentent ont facilement le sentiment de faire partie d'une communauté. C'est le cas des adeptes de *Second Life*, des sites de vente et d'achat en ligne comme eBay, ou encore des joueurs de jeux vidéo en réseau. Ce sentiment est d'autant plus fort que ladite « communauté » est perçue comme une association de droits et de plaisirs bien plus que de devoirs. Chacun se sent en faire partie pour ce qui lui convient, mais en transgresse les règles aussitôt que ça l'arrange. L'anonymat le protège !

Les surprises de l'avatar

Dans ce monde où l'avatar n'a que l'importance qu'on lui accorde, certains lui en donnent très peu. Ils le fabriquent comme une sorte d'outil qui serait nécessaire à leurs explorations et rien de plus. Mais le paradoxe est qu'ils ne sont pas les derniers à se faire piéger !

Déborah, par exemple. Cette jeune femme avait voulu se faire une idée de *Second Life* et s'était choisi pour la représenter une séduisante jeune fille. Au cours de ses explorations, elle est amenée à aller dans une « boîte de nuit » virtuelle. Là, elle danse et rencontre un « garçon », évidemment lui aussi virtuel, puisqu'il est impossible de dire qui se cache derrière l'avatar que chacun met en avant pour le représenter. Ledit garçon invite l'avatar de Déborah à prendre un verre dans sa maison virtuelle. En d'autres temps, on aurait dit qu'il la convie à voir sa collection d'estampes japonaises… Elle accepte. Une fois « téléportée » chez son cavalier, elle s'assoit à l'endroit qu'il lui indique… et son avatar se retrouve nue instantanément ! Le garçon se jette alors sur celui-ci, lui impose une relation sexuelle qu'elle considère encore aujourd'hui comme un viol… alors que tout s'est passé par avatars interposés.

Quand tout est terminé, la conversation s'engage et Déborah apprend que son « violeur » a acheté un programme qui met automatiquement en position sexuelle les avatars qui s'assoient à un certain endroit de son canapé. Si cette jeune femme avait été plus expérimentée, elle aurait appuyé sur la touche « se lever » – toujours accessible dans ces situations – et elle aurait ainsi mis fin au sortilège. Mais elle débutait dans le jeu et dut assister jusqu'au bout à la mise en scène de « son » viol.

La morale de cette histoire peut se résumer d'une formule bien connue : « Je sais bien, mais quand même. »

Déborah savait bien que son avatar n'était qu'une figurine de pixels, et pourtant elle n'a pas pu s'empêcher d'avoir l'impression de subir un viol. Croire ou ne pas croire, telle est la question principale des mondes virtuels. Ouverts à la fois sur le réel et l'imaginaire, ils nous obligent à faire notre choix. Indécidables, ils nous obligent à nous décider. Et ce n'est pas en minimisant le rôle des avatars que nous nous protégerons le mieux contre leurs pouvoirs d'illusion. Car si Déborah avait l'ignorance d'un débutant, nombreux sont les usagers des mondes virtuels qui ne le sont pas... et se laissent pourtant piéger !

L'histoire d'Aimery en témoigne. Ce jeune homme, adepte du jeu en réseau *World of Warcraft*, avait choisi un personnage d'apparence féminine. Il décida un jour, sous cette identité, de monter une expédition qui nécessitait une forte mise de fonds, mille pièces d'or virtuelles. Comme il était loin de posséder cette somme, il la demanda autour de lui. Un chevalier de haut niveau accepta de la lui fournir, mais moyennant une contrepartie à négocier. Aimery fit répondre à sa créature féminine qu'elle proposait de danser pour le généreux chevalier. L'affaire fut conclue, Aimery sélectionna l'action « danser » dans le menu, son avatar se trémoussa pendant quelques dizaines de secondes, et le chevalier remit les mille pièces d'or convenues. Mais il demanda aussi l'adresse e-mail d'Aimery... Celui-ci se garda de répondre et tira sa révérence au chevalier qu'il ne revit jamais, ni dans le jeu ni ailleurs. Mais imaginons qu'il ait donné son adresse e-mail au chevalier. Celui-ci aurait probablement été bien déçu... Et voilà le paradoxe. La déception n'aurait pas été d'être remercié par une danse mécanique pour le don d'une somme d'argent qui, toute virtuelle qu'elle soit, avait dû lui demander beaucoup d'efforts. Elle aurait été d'être trompé par l'apparence ! Et pourtant, le joueur caché derrière l'avatar du chevalier était bien placé pour savoir que, dans les espaces virtuels, n'importe qui peut créer n'importe quel avatar. Mais il ne pouvait pas s'empêcher de rêver qu'une agréable jeune fille se cachait derrière la créature délicieuse d'Aimery. Il ne pouvait pas s'en empêcher parce qu'il le désirait, bien sûr, de même qu'il désirait probablement obtenir un dédommagement en nature pour sa générosité dans les mondes virtuels. Gardons-nous pourtant d'être aussi naïfs que lui, car rien ne prouve que ce chevalier puissant cachait un séducteur. Peut-être était-ce un adolescent esseulé, un vieux monsieur solitaire désireux de nouer une relation platonique ou même une femme séduite par la féminité de l'avatar d'Aimery ?

Cette histoire contient encore un dernier enseignement. Aimery s'était construit cet avatar féminin après avoir été lâché par sa copine. Dans le jeu, il avait donc mis en scène sa situation réelle en inversant les rôles : il avait séduit le chevalier pour l'abandonner ensuite, exactement comme il s'était senti lui-même séduit, puis abandonné. Au lieu d'être celui qui est abandonné, il avait été celui qui abandonne. De passif, il était devenu actif. Les espaces virtuels permettent de tels jeux de rôle par avatars interposés.

Je pense d'ailleurs que c'est pour cela qu'Aimery m'a pris à témoin de cette histoire. Il s'était vengé, dans le virtuel, d'une déception amoureuse vécue dans la réalité. Il voulait prendre quelqu'un à témoin. En d'autres lieux et d'autres époques, peut-être Aimery se serait-il vengé en séduisant à son tour quelque adolescente pour l'abandonner ensuite. Ne valait-il pas mieux, finalement, que tout cela se passe dans le virtuel ?

Le virtuel, réel ou imaginaire à volonté

Si le virtuel est indécidable, c'est que la forme de relation qu'il impose est différente à la fois de la confrontation réelle avec un interlocuteur présent « en chair et en os » et de la relation imaginaire avec un interlocuteur rêvé. Dans une confrontation réelle, la mise en présence est matérielle et corporelle et les cinq sens sont impliqués. Nous pouvons voir, entendre et, lorsque les conventions sociales nous y autorisent, toucher les personnes avec lesquelles nous entrons en relation. Au contraire, lorsque nous imaginons un interlocuteur, nous n'avons avec lui aucun lien de sensorialité. Nous ne pouvons pas le voir avec nos yeux, ni l'entendre avec nos oreilles, ni le toucher avec nos mains. La relation virtuelle, elle, n'est ni réelle ni imaginaire. Elle est une troisième forme de relation appelée à prendre de plus en plus d'importance dans nos vies.

Entre imaginaire et réalité

Pour comprendre comment fonctionne une relation virtuelle, partons de la relation imaginaire qui nous est familière. Elle résulte de notre capacité à pouvoir nous représenter les absents. En même temps, cette capacité est limitée, comme nous le rappelle le dicton bien connu

« Loin des yeux, loin du cœur ». Il signifie qu'une trop longue séparation émousse le souvenir de telle sorte que rencontrer l'autre en pensée est de plus en plus difficile.

C'est pourquoi nous avons recours à des supports sensoriels pour rendre un semblant de présence à ceux dont nous sommes provisoirement séparés. Par exemple, nous emportons avec nous une image de la personne aimée. Avoir un portrait de l'absent favorise la rencontre imaginaire avec lui. Et c'est encore mieux quand on a une lettre de sa main qu'on peut toucher, flairer – le succès des lettres parfumées ! –, embrasser, voire utiliser dans des pratiques érotiques ! Ces supports sont des leurres, nous le savons, mais ils participent puissamment à l'illusion de la rencontre. Du coup, si c'est l'aspect leurre que nous privilégions, ces objets s'avèrent évidemment frustrants : ils n'arrivent qu'à nous rendre l'absence charnelle de l'aimé(e) encore plus insupportable. Mais si c'est leur aspect rencontre qui nous retient, ils constituent de puissants moyens pour lutter contre l'angoisse de séparation.

C'est exactement la même chose dans la relation virtuelle : les adjuvants qui rendent l'interlocuteur à la fois présent et absent peuvent engager soit sur le versant de la consolation, soit sur celui de la frustration.

Si c'est la consolation qui l'emporte, nous basculons vers une relation imaginaire nourrie de nos fantasmes. Et là, deux situations peuvent se présenter. Dans la première, notre interlocuteur dans le virtuel accepte de jouer le rôle que nous lui donnons et tout va bien. Mais si ce n'est pas le cas, nous sommes confrontés à un choix : soit nous tenons à rester dans l'imaginaire et nous changeons aussitôt de partenaire – dans les mondes virtuels, nous n'avons que l'embarras du choix ; soit nous acceptons la part de réalité que nous impose celui avec lequel nous sommes entrés en contact.

C'est pourquoi une relation virtuelle est éminemment instable. Elle a constamment tendance à évoluer vers une relation imaginaire – dans laquelle seuls les fantasmes comptent – ou vers une relation réelle. Dans le premier cas, nous nous immergeons dans un monde de signes et d'images où la réalité finit par être oubliée. Dans le second cas, à l'inverse, nous cherchons à connaître « pour de vrai » les objets et les personnes que les images représentent[1]. Toute situation virtuelle contient en germe – on est tenté de dire « virtuellement » – ces deux tendances opposées[2].

Nous comprenons pourquoi la nouvelle forme de relation créée par les technologies du virtuel passe encore si souvent inaperçue : elle est confondue tantôt avec une relation réelle et tantôt avec une relation imaginaire, alors qu'elle constitue justement une porte d'entrée vers les deux.

---

1. Ce flottement, s'il atteint avec le virtuel une importance nouvelle, n'est pourtant pas apparu avec lui. La télévision l'a produit au moment de son apparition. Je me souviens que, lorsque j'étais enfant, certaines personnes âgées tenaient à être habillées correctement avant d'« inviter » le présentateur télévisé chez elles en allumant leur poste ! Ces personnes savaient bien que l'homme de l'écran ne venait pas réellement dans leur salon, mais elles décidaient de « faire comme si ».

2. C'est cette forme nouvelle de relation que ratent Miguel Benassayag et Angélique Del Rey lorsqu'ils prennent « virtuel » comme synonyme d'« imaginaire ». Benassayag M., Del Rey A., *Plus jamais seul, Le phénomène du portable*, Bayard, 2006.

Une porte qu'il appartient à chacun de pousser d'un côté ou de l'autre, car c'est chacun qui décide !

Entre contrôle et immersion

Dès les années 1990, les pionniers du virtuel lui ont associé trois caractères : l'immersion, l'interactivité et la possibilité de rencontres réelles[1]. Mais le développement des espaces virtuels permet aujourd'hui de s'apercevoir que ces trois caractères n'ont pas le même statut : l'interactivité est au cœur de la relation virtuelle, la possibilité de rencontres réelles constitue le pôle réalitaire de cette relation, et l'immersion en serait plutôt le pôle imaginaire.

L'immersion peut d'ailleurs être acceptée ou refusée, comme le montrent les attitudes des joueurs de jeux vidéo. Certains privilégient ce qu'on appelle le jeu « en première personne » : le monde est vu à travers les yeux de l'avatar de telle sorte, par exemple, qu'un mouvement de sa tête vers le bas lui montre ses pieds tandis qu'une rotation lui montre ce qui est à côté de lui. Au contraire, d'autres joueurs privilégient le contrôle des diverses jauges indiquant la force, l'endurance ou les pouvoirs magiques de leur avatar, ainsi que les divers graphes et cartes, indications qui permettent de le situer dans un espace géographique, une équipe, voire dans une temporalité si l'épreuve en cours est accomplie en durée limitée. Il existe même des jeux dans lesquels le joueur n'a affaire qu'à des courbes de natalité, de croissance, de conquêtes ou de défaites… Lorsque le joueur joue « en première personne », il favorise

1. Quéau P., *Le Virtuel, vertus et vertiges*, *op. cit.*

indiscutablement son immersion dans l'imaginaire du jeu. Mais lorsqu'il n'a d'yeux que pour les jauges et graphiques qui lui indiquent la position dans l'espace de son avatar et l'état de ses compétences, tout est différent. Le spectateur qui regarde l'écran ne voit que des monstres diversement armés, alors que la plupart des joueurs ressemblent à des pilotes d'avion de chasse devant leur pupitre de commande !

Le virtuel nous oblige ainsi à choisir à tout instant entre deux postures opposées. Le plus souvent, nous oscillons de l'une à l'autre, et c'est dans cette oscillation que nous trouvons nos repères et notre jouissance. Mais que l'une des deux attitudes l'emporte définitivement et le danger surgit : si c'est la gestion sur un mode réalitaire, la posture ludique disparaît. Si, au contraire, c'est l'immersion, les repères de la réalité risquent de s'effacer. Une fois de plus, c'est le va-et-vient entre une attitude « à l'intérieur des images » et une autre « devant elles » qui est la clé du bonheur qu'elles nous procurent.

Cette particularité explique que certains puissent glisser sans difficulté du statut de joueur excessif à celui d'accro du boulot ! Un jeune homme qui passait dix heures par jour sur le jeu en réseau *Final Fantasy* s'est ainsi trouvé, pratiquement du jour au lendemain, à travailler douze heures par jour dans l'import-export pour un patron chez lequel il faisait un stage professionnel. Dans les deux cas, il utilisait le même ordinateur, le sien, et son activité consistait à contrôler des systèmes d'exploitation. Il donnait toute satisfaction à son employeur, et sa seule inquiétude était de redevenir un joueur dépendant – car c'est ainsi qu'il se nommait lui-même – le jour où son stage prendrait fin !

Entre absence et présence surnaturelle

Ma mère, qui habite à cinq cents kilomètres de Paris, me le dit chaque fois que je lui téléphone : « C'est formidable, je t'entends comme si tu étais à côté de moi, et même encore mieux ! » Elle a raison : elle m'entend mieux lorsque je suis loin au téléphone que lorsque je suis réellement à côté d'elle. La différence, c'est que, lorsque je lui parle dans l'appareil, ce n'est pas moi qu'elle entend ! Ma voix est numérisée, compressée, puis, après un parcours plus ou moins long, décompressée et resynthétisée ! Bref, ma mère n'entend pas ma voix réelle, mais ma voix virtuelle, et c'est pour cela qu'elle la trouve si claire et limpide. De la même façon, tout a une netteté exceptionnelle dans les mondes virtuels. Les lumières y sont parfaites, les ombres superbes, les couchers de soleil tels qu'on les rêve, les sous-bois enchanteurs…

Cette hyper-présence est la clé des jugements opposés que les uns et les autres portent sur les mondes virtuels. Si on met l'accent sur leur côté partiel et falsifié, on en dénonce évidemment le leurre. Mais si on accepte la netteté surnaturelle du virtuel comme une nouvelle esthétique, voire comme une nouvelle forme de réalité, on cède facilement à sa fascination. Encore une fois, c'est chacun qui décide !

10

Le strip-tease de l'avatar

Je suis devant mon ordinateur. Les impératifs qui règlent la vie quotidienne se mettent en sommeil, un peu comme au moment de l'endormissement. L'installation devant l'écran s'accompagne d'ailleurs d'un rituel qui rappelle celui du coucher : se retirer à l'écart, avec son lit dans un cas, son ordinateur dans l'autre, baisser la lumière... Le temps nécessaire au chargement du programme tient lieu de phase d'endormissement. Puis la porte des espaces virtuels s'entrouvre, un peu comme celle des rêves dans *Les Aventures de Little Nemo*, la célèbre bande dessinée de Windsor Mac Cay.

Je me retrouve soudain à traverser des déserts ou des marécages pleins de créatures hostiles, à m'enfoncer dans d'épaisses forêts à la recherche de fées ou de géants, à combattre des monstres horribles, à diriger d'immenses armées ou quelques compagnons d'armes, voire à mettre en scène mes fantasmes sexuels les plus intimes. Mais toujours, et comme dans un rêve, les désirs impossibles ou interdits deviennent réalisables. Je suis le seul témoin de mes mises en scène, et si je les partage avec quelques complices, l'anonymat nous protège tous. Comme dans un rêve encore, la différence entre le vrai et le faux, le passé et le présent, le réel et l'imaginaire tend à s'effacer. Mais dans ces mondes indécidables, une chose est toujours certaine : mon avatar me représente. Parfois je le fais marcher comme dans la vie réelle et, d'autres fois, je le fais voler, exactement comme dans un rêve. Les choses viennent alors au-devant de moi, l'univers est totalement complice de mes désirs.

Toute nue... et au-delà

La première des surprises, en allant dans les mondes virtuels, est de découvrir que chacun s'y fait représenter par un avatar qui ne lui ressemble en rien, et dont il se sent pourtant toujours très proche. Pour comprendre ce paradoxe, je propose au lecteur d'imaginer ce que serait une sorte de strip-tease de l'une de ces créatures. L'exercice n'a rien d'artificiel puisque chacun peut s'y livrer sur *Second Life*.

Tout commence bien sûr par un déshabillage. Vous ôtez à votre avatar sa chemise, sa jupe ou son pantalon, puis ses sous-vêtements jusqu'à ce qu'il soit aussi nu qu'une poupée Barbie dans sa boîte de base. Mais l'effeuillage de l'avatar ne s'arrête pas là. La chevelure, le sourire, l'expression du regard, la façon de marcher et de se mouvoir, les ongles, les poils et jusqu'à la peau peuvent être enlevés tour à tour. À la fin, votre avatar n'est pas seulement aussi nu qu'un fœtus, il est aussi lisse et inexpressif que lui… et aussi peu désirable. Car ces différents éléments que vous avez successivement enlevés à votre avatar sont justement ce qui a le pouvoir d'éveiller le désir. La logique des mondes virtuels n'est pas différente en cela de celle qui prévaut dans la vie réelle : là aussi, ce sont une mimique, une posture ou une intonation qui déclenchent le désir, souvent de façon aussi inattendue qu'irrépressible ! La différence est que l'avatar n'a pas de capital génétique avec lequel il doit composer. La puissance de calcul des ordinateurs est la seule limite imposée à leur fantaisie.

Il en découle que les expressions utilisées pour désigner les sources du désir sont différentes dans la « vraie vie » et dans les mondes virtuels. Dans celle-ci, nous distinguons les vêtements et accessoires qu'on peut ôter des caractéristiques anatomiques qui, elles, sont inséparables de notre corps, comme une certaine façon de sourire ou de marcher.

Dans les mondes virtuels, au contraire, les diverses caractéristiques que vous pouvez successivement ôter à votre avatar sont désignées d'un seul mot : elles sont des « objets ». Autrement dit, votre avatar n'est rien d'autre qu'un assemblage d'objets numériques. L'informaticien et le psychanalyste se rejoignent ici sur un point : on peut désigner comme « objet » tout ce qui est susceptible de mobiliser le désir, celui de la personne qui décide de s'en parer comme celui de celle qui en est séduite. Il n'y a pas de différence, de ce point de vue, entre une paire de gants, un chapeau, des lunettes, un pénis, une façon de marcher, une coupe de cheveux ou un certain éclat dans le regard[1]…

1. Le psychanalyste les appelle plus précisément des objets « partiels ». Ce sont « des parties du corps, réelles ou fantasmées, et leurs

Tous sont des objets partiels susceptibles de mobiliser le désir.

Mais il existe encore une autre différence entre la place jouée par ces objets dans la vraie vie et celle qu'ils ont dans les mondes virtuels. Dans ceux-ci, les objets qui mobilisent le désir sont aussi le seul moyen par lequel l'usager est invité à le satisfaire. L'avatar n'est pas seulement le point de départ du désir, il est aussi son point d'arrivée. Le désir éveillé par l'avatar est censé se satisfaire dans l'avatar. Alors que la plus belle fille du monde peut donner ce qu'elle a et ne montre pas, le plus bel avatar du monde ne peut rien donner d'autre que ce qu'il montre. Car dans les mondes virtuels, pas question de toucher. Tout y est visuel, délicieusement ou désespérément, selon votre aptitude à vous en satisfaire. Il faut se contenter de ce que le regard et l'oreille peuvent saisir : la plastique d'une belle chevelure, la démarche chaloupée d'une fille sexy, le mouvement étrangement réaliste des vagues qui viennent mourir sur la plage, le bruit du vent dans le feuillage... On est invité à en jouir sans se préoccuper d'une réponse qui ne viendra de toute façon pas. C'est pourquoi les objets partiels jouent, dans les espaces virtuels, un rôle sans commune mesure avec celui qu'ils ont dans la vie réelle. Ils sont l'alpha et l'oméga des désirs, le lieu où ils s'embrasent et celui où ils sont appelés à venir mourir.

Si cette situation peut paraître étrange à la plupart d'entre nous, il existe une personnalité pour laquelle elle

---

équivalents symboliques ». Laplanche J. et Pontalis J.-B., *Vocabulaire de la psychanalyse*, PUF, 1967.

est familière, c'est le fétichiste. Celui-ci déplace en effet sans cesse son intérêt sexuel sur de petits objets qui recueillent toute son attention. Plus encore, il cherche avec eux un plaisir de contact partiel qui implique rarement tous les sens. Il préfère notamment souvent regarder et, s'il aime caresser ou flairer, c'est toujours de toutes petites zones de contact. De ce point de vue, *Second Life* introduit à un fétichisme généralisé car il est constitué d'objets numériques dont on peut profiter en les regardant et en les écoutant, mais sans jamais pouvoir les toucher. Bien sûr, des procédés informatiques complexes permettront bientôt de croire le faire, et même de les embrasser en ayant la sensation de poser ses lèvres sur eux, mais le problème ne sera que déplacé. Il sera encore longtemps impossible de les étreindre.

Un rêve construit à plusieurs

Parfois, il nous semble reconnaître un de nos proches dans un rêve : on l'identifie comme si on le voyait sur une photographie, pas de place pour le doute. Mais d'autres fois, la ressemblance est plus difficile à établir.

Par exemple, dans un rêve, un personnage qui mange tout ce qu'il trouve peut figurer une de mes relations que je trouve un peu trop « vorace », et cela indépendamment de toute autre ressemblance. C'est la mise en scène de la voracité qui est le pont entre le modèle et son incarnation dans le rêve. Dans les espaces virtuels, c'est bien souvent de cette façon que les avatars ressemblent à leur propriétaire. Avec une différence toutefois. Dans mon rêve, je peux savoir pourquoi une personne que je juge « lourde » s'enfonce dans le sol, alors qu'une autre que je considère comme « légère » vole comme une plume : après tout, c'est ma façon à moi de percevoir mon entourage qui y est mis en scène de façon imagée… En revanche, la situation est différente avec les avatars que je croise dans les espaces virtuels. Chacun représente bien son propriétaire, mais il n'y a que lui qui ait le mode d'emploi : le propriétaire d'un avatar est le seul à savoir en quoi sa créature le reflète « intimement ».

Cette dimension du désir dans la construction de l'avatar est essentielle. Si on l'enlève, il n'est plus qu'un code numérique permettant d'accéder à un espace virtuel, un peu comme une super-carte bancaire sur laquelle la succession des nombres serait remplacée par des caractéristiques anatomiques ou vestimentaires. Bien sûr, ma carte bancaire n'a pas assez de chiffres pour permettre de construire la représentation complète et satisfaisante d'un avatar, mais il s'agit d'une limite quantitative. Le saut a consisté à passer d'un code numérique qui représente son usager sans le figurer – la carte bancaire dans sa version actuelle – à une figure qui joue le même rôle, mais en y ajoutant l'ambiguïté des images : car comme l'avatar est une image, la tentation est grande de penser qu'il ressemble visuellement à son usager, alors qu'il ne fait que lui ressembler intimement, d'une façon qui ne peut être connue – et encore, pas toujours – que par son créateur lui-même. Les avatars liquident ainsi le règne de la ressemblance dans l'image pour lui substituer celui de la mise en scène des désirs. Et, comme dans le rêve, ceux-ci n'ont que faire de la logique. Ils ne connaissent ni les lois de la physique, ni celles de la morale, ni l'exclusion des contraires.

Il existe pourtant entre les espaces virtuels et ceux du rêve une différence essentielle : les espaces virtuels ne sont pas le résultat d'une élaboration personnelle, mais d'une construction collective gérée par un serveur. L'imaginaire personnel doit chaque fois composer avec les contraintes techniques et les traces des constructions d'autrui. Du coup, ce ne sont pas les images créées par chacun qui sont le reflet de ses désirs et de ses inhibitions, mais les parcours qu'il impose aux créatures chargées de le représenter [1]. Par exemple, dans les nombreux jeux consacrés à la guerre, tous les soldats qui représentent les joueurs se ressemblent, mais aucun parcours n'est semblable : l'un fait de son avatar un tireur d'élite embusqué, l'autre un grenadier combattant au corps à corps. Et dans les jeux fantastiques, des avatars d'apparence semblable peuvent être engagés dans des quêtes très différentes. Dans tous les cas, c'est le parcours de chaque avatar, bien plus que son apparence, qui témoigne de l'organisation du monde intérieur du joueur. Et plus les possibilités se multiplient – dans *Oblivion*, elles sont pratiquement infinies –, plus le parcours de l'avatar prend une

---

1. Cette différence avec le rêve est d'ailleurs soulignée par la temporalité différente qui régit l'un et l'autre : le souvenir de nos rêves consiste le plus souvent en courtes saynètes centrées sur une image forte, et d'autant plus forte qu'elle est incompréhensible. Au contraire, la fréquentation des espaces virtuels, et notamment des jeux vidéo, fait intervenir des durées considérables.

allure d'« histoire de vie[1] ». La prise en charge thérapeutique des joueurs dépendants doit forcément tenir compte de cet aspect et partir de l'*histoire* de leurs avatars. Et si un joueur ne parvient pas à reconstituer cette histoire, il n'y a pas d'autre solution que de l'inviter à jouer devant soi, puis de l'aider à formuler le parcours singulier de sa créature privilégiée.

L'avatar est un objet comme les autres

L'avatar n'est pas seulement notre couteau suisse des espaces virtuels. Il est aussi un objet comme les autres, qui remplit les mêmes fonctions que tous les autres, qu'il s'agisse de nos meubles, de nos vêtements, de nos outils ou de nos bibelots. Chacun de ces objets a trois fonctions. La première est bien entendu leur utilité pratique : un manteau protège du froid ou de la pluie, un verre permet de boire et une chaise de s'asseoir. La seconde de ces fonctions est narcissique – sinon, nous ne choisirions pas notre modèle de voiture ou la marque de nos vêtements avec autant d'intérêt ! Mais nos objets quotidiens ont encore une troisième fonction : ils sont des supports de relation émotionnelle tout à fait comme les humains qui nous entourent. La preuve en est qu'on peut en aimer certains et en haïr d'autres sans savoir pourquoi, voire en entourer

1. Nous empruntons cette dénomination au sociologue Daniel Bertaux ; voir *Histoires de vie ou récits de pratiques ? Méthodologie de l'approche biographique en sociologie*, rapport CORDES, 1976.

quelques-uns d'une affection quasiment maternelle comme si c'étaient nos enfants. Mais cette description reste extérieure. Elle laisse de côté l'essentiel : la nature des liens complexes et ambivalents qui nous lient à eux. C'est pourquoi j'ai proposé d'envisager ces liens selon quatre axes complémentaires [1].

Tout d'abord, nos objets quotidiens participent de la construction de notre identité. Chacun des choix vestimentaire ou mobiliers que nous faisons renforce certaines de nos tendances intimes et en relèguent d'autres au second plan, de telle sorte que notre apparence et notre identité sont dans une interaction permanente.

Ensuite, ils accompagnent le travail de la mémoire. C'est notamment le cas de tous les souvenirs, que nous rapportons de nos divers voyages, qu'il s'agisse d'objets utilitaires – comme un coupe-papier ou un rond de serviette – ou simplement décoratifs – comme une poupée ou un bibelot. Nous y déposons toujours des fragments d'expériences vécues pour nous assurer de ne pas les oublier et de les avoir toujours à disposition. Les objets investis de cette façon permettent de revenir à volonté à ce qu'ils évoquent, que ce soit en les utilisant ou simplement en les regardant. Le plaisir pris à parler d'eux, et des événements qui leur sont associés, joue un très grand rôle dans la relation que nous avons avec eux, et, à travers eux, avec nos proches. C'est leur fonction de « mémoire vivante ».

---

1. Pour une description détaillée de ces quatre axes, et de nombreux exemples, on peut consulter mon ouvrage *Comment l'esprit vient aux objets*, *op. cit.*

En troisième lieu, les objets peuvent être utilisés comme espaces de dépôt pour des expériences qui ont été symbolisées sur un mode sensoriel et moteur, parfois imagé, mais jamais verbal. Le sujet a des émotions, des gestes, des attitudes, et même parfois des habitudes, qui commémorent l'événement. Il en a parfois des images, qui l'envahissent à intervalles réguliers, mais il n'a jamais de mots pour en parler. Les objets chargés d'un secret familial indicible en font partie. Il s'agit par exemple d'un meuble vermoulu ou d'un fauteuil défoncé mystérieusement conservés dans un intérieur neuf, d'un bibelot caché au fond d'un placard, dont on n'ose pas se débarrasser comme s'il s'agissait d'un crime de lèse-majesté, ou même d'une maison de campagne branlante que chacun des enfants veut posséder. Les objets qui sont investis de cette façon ne participent pas d'une mémoire vivante comme les précédents, mais d'une mémoire cachée, et même parfois d'une mémoire morte, quand personne ne peut plus se porter garant des souvenirs qui y sont attachés. Mais l'attachement à ces objets eux-mêmes n'en est que plus fort, et la décision de s'en séparer de force peut être suivie de troubles psychiques, voire somatiques.

Enfin, les objets ne se contentent pas d'accueillir, selon les circonstances, des fragments de nos expériences partiellement ou totalement symbolisées. Ils font le pont des unes aux autres, en constituant des supports d'appropriation, par chacun, de sa propre histoire. Les divers jeux de l'enfant sont évidemment le lieu privilégié de cette dynamique, mais le même processus continue tout au long de notre vie, d'une façon qui n'est pas forcément volontaire, et encore moins consciente.

Tous les objets qui nous entourent peuvent, à un moment ou à un autre, participer de l'une ou l'autre de ces quatre fonctions, et les avatars qui hantent nos écrans en font partie. Comme tout objet, ils peuvent remplir quatre rôles : être un support pour l'identité ; commémorer des événements dont nous avons clairement conscience ; recevoir en dépôt – parfois à notre insu – des parties de nous-mêmes que nous préférons mettre provisoirement à l'écart ; et enfin favoriser l'appropriation, par chacun, de sa propre histoire, à travers les récits qu'on se raconte et les mises en scène qu'on réalise.

Parmi tous les objets disponibles, les avatars occupent même une place privilégiée pour remplir ces diverses fonctions. Ils se prêtent en effet à bien plus de transformations que toutes les autres formes d'objets connus, à tel point qu'ils sont comparables à une sorte de « pâte à modeler numérique [1] ». Nous en donnerons quelques exemples dans le chapitre suivant, mais restons-en pour l'instant à cette malléabilité elle-même. Si l'avatar constitue un objet idéal de manipulations, c'est parce que nous pouvons lui faire subir quatre sortes de transformations. Celles-ci sont indépendantes du rôle que nous lui faisons jouer à chaque moment, de telle sorte que les quatre fonctions évoquées plus haut – identitaire, de mémoire vivante, de mise en dépôt et d'élaboration psychique – peuvent être mobilisées

1. J'ai proposé cette expression dans *Petites mythologies d'aujourd'hui* (Aubier, 2000).

par chacune de ces transformations, et que chacune de ces transformations peut, inversement, être mise au service de l'une ou l'autre de ces fonctions. Tout y est affaire de circonstances, de désir, de rencontres…

Ces transformations de l'avatar portent sur le fait qu'il peut être traité comme un double de soi ou un compagnon, un guide que l'on suit ou un esclave auquel on impose ses ordres, une forme inanimée ou au contraire un objet vivant, et enfin un porteur de lumière – genre Dr Jekyll – ou une créature de l'ombre – genre Mr Hyde.

Double ou compagnon

Dans tous ses déplacements, mon avatar me permet de voir le monde « avec ses yeux » – en vision subjective – ou bien de le voir détaché de moi, exactement de la même manière que dans un rêve. Soit je l'habite, soit je le regarde vivre. Dans le premier cas, je ne vois de lui que ce que je peux apercevoir de mon propre corps : mes bras, mes pieds, mon torse vus d'en haut. Dans le second, je suis libre d'observer toutes les parties de mon anatomie qui me sont habituellement invisibles, comme mon dos ou le dessus de ma tête. Je peux même parfois placer mon regard en un point où je ne suis pas moi-même et me voir au milieu du décor. Je me fais mon cinéma à volonté ! Par exemple, dans *Second Life*, imaginons que mon avatar se trouve d'un côté d'une rue, face à un trottoir opposé où se tient une jeune fille regardant la vitrine d'une boutique. Je peux choisir de placer mon regard virtuel partout, y compris à l'endroit de cette vitrine : je vois alors la jeune fille qui lui fait face, la rue derrière elle et, de l'autre côté de celle-ci, mon propre avatar qui n'a pas bougé, que je vois donc de loin et tout petit !

Mais le dédoublement entre mon avatar et moi intervient encore d'une autre façon. Même quand je vois le monde à travers ses yeux, je dois lui donner une consigne explicite de tout ce que je désire qu'il accomplisse à ma place. Mon avatar ne réalise en effet que ce que je lui commande explicitement[1]. C'est une impression étrange. Dans la vie, j'accomplis des actions sans m'en rendre compte parce que je ne me les formule pas : je mange, je vais aux toilettes, je me lave les dents ou les mains, je prends un livre dans la bibliothèque, le feuillette et le repose, etc. Dans *Les Sims*, ces mêmes actions doivent être formulées de façon explicite pour que mon avatar les réalise. Je découvre du même coup que ma vie a une complexité qui m'échappait. Les actes de la vie quotidienne ne sont plus accomplis dans un enchaînement où l'automatisme et l'habitude agissent à ma place, mais ils doivent être nommés pour être accomplis.

Guide ou esclave

Au fur et à mesure que je vois, parle et agis avec mon avatar, il s'établit entre lui et moi une sorte de symbiose : chacun donne et reçoit de l'autre à tour de rôle. Par exemple, quand mon avatar se promène dans des paysages virtuels magnifiques, je les découvre grâce à lui puisque, sans lui, je ne pourrais pas y avoir accès. C'est moi qui décide

1. Bien qu'il devienne possible, dans *Les Sims* notamment, de renoncer à guider son avatar et de le regarder « mener sa vie ».

où le faire aller, mais c'est seulement si j'accepte de le suivre sur le chemin que je lui indique que je peux découvrir les merveilles cachées qui s'y trouvent.

Cette symbiose est tout particulièrement mise à l'épreuve dans les rencontres. Mon avatar est dépendant de moi pour le choix de ses vêtements, de son apparence, du décor dont il s'entoure. Mais je suis, quant à moi, dépendant de lui pour mettre en scène mes fantasmes à travers la rencontre avec d'autres avatars. Je sais qu'il n'est, dans ces rencontres, qu'une toute petite partie de moi, et je m'aperçois avec surprise que cette partie est souvent confondue avec le tout par les autres avatars que je croise. Bref, l'avatar, peu à peu, m'impose sa propre logique. Il évoque ce que Jacques Lacan disait du signifiant qui « représente un sujet pour un autre signifiant » : l'avatar semble représenter un sujet pour un autre avatar !

Mort ou vif

On croise parfois, dans les espaces virtuels, des marionnettes immobiles qui clignent des yeux de temps en temps de façon absente, un peu comme un pendu oscille à son gibet sous l'effet du vent. C'est que leur propriétaire les a confiés à un pilote automatique. Dans *World of Warcraft*, il arrive ainsi qu'on rencontre des personnages occupés à une activité stéréotypée. Ils ne répondent pas aux questions et semblent absents à tout ce qui se passe autour d'eux. C'est parce qu'ils sont animés par un programme destiné à rapporter à leur possesseur quelques pièces d'or. Et dans *Second Life*, il est possible d'abandonner son avatar en figuration dans une boîte de nuit – moyennant quelque monnaie virtuelle – afin de faire croire aux (vrais) clients que l'endroit est très recherché !

Mais ces momies peuvent aussi s'animer. Grâce aux gestes, aux déplacements dans l'espace et aux mimiques que je choisis de faire réaliser à mon avatar, je touche mon interlocuteur – présent lui aussi à travers le sien – bien mieux que par un simple discours. C'est pourquoi l'avatar sera de plus en plus le remède au défaut de sensorialité de nos communications à distance. Plus celles-ci prendront de l'importance dans nos vies et plus nous y aurons recours pour rendre un peu de « chair » à nos rencontres. Cette chair, bien sûr, est virtuelle, mais certains ont le pouvoir, semble-t-il, d'y éprouver de vraies sensations. Ainsi de cette jeune fille adepte de *Second Life* qui m'expliqua que, lorsqu'elle plongeait son avatar dans un jacuzzi virtuel, elle sentait les bulles la chatouiller ! Est-ce un nouvel épisode des « fluides » du baquet de Messmer, et la capacité de nous identifier à nos avatars jusque dans leurs sensations les plus intimes relèverait-elle d'une nouvelle forme d'hystérie ?

Dr Jekyll ou Mr Hyde

Le plus souvent, mon avatar réalise mes rêveries glorieuses : il triomphe des monstres et des dragons, fait fortune et dirige un empire. Il est un héros civilisateur et bâtisseur, tout à la fois César, Alexandre le Grand et Ulysse. Mais à d'autres moments, il accueille ma part sombre, ce que la saga de *La Guerre des étoiles* appelle la « côté obscur de la force ». Je deviens un monstre, un criminel, un fourbe ou un tyran. Je détruis des cités prospères pour le plaisir, utilise un lance-flammes contre des civils, ou regarde se noyer lentement mon enfant que j'ai fait descendre dans la piscine familiale avant d'en retirer l'échelle. Bien des joueurs prennent plaisir à tuer, étriper, torturer des personnages générés par l'ordinateur. Ainsi donnent-ils corps à des désirs souvent inexprimables...

On aurait pourtant tort de croire que tout, dans ces mises en scène terrifiantes, relève de désirs et de rêveries sadiques. Les mondes virtuels permettent aussi de représenter des craintes secrètes, si effrayantes que les nommer est impossible, mais auxquelles la mise en scène par avatars interposés donne un début de figuration. Je me souviens ainsi d'un adolescent qui s'arrangeait toujours pour mettre son avatar dans des situations où il mourait abominablement. En fait, cet adolescent mettait son personnage en danger *pour le voir mourir*. Ce qu'on aurait pu prendre pour de la maladresse ou de l'inconscience relevait chez lui d'une intention délibérée. Cet adolescent n'avait pas de comportements suicidaires dans sa vie quotidienne, mais j'ai pu en comprendre le risque en le voyant jouer. À partir de là, il a été possible d'évoquer la place de ses pensées suicidaires dans sa « vraie vie », et de réaliser un travail de prévention.

Au moment où j'ai eu à m'occuper de ce garçon, son histoire m'en a d'ailleurs rappelé une autre, celle d'une femme dont j'avais eu à m'occuper au début de ma carrière de psychiatre. Elle aussi avait de fortes tendances suicidaires mais, les jeux vidéo n'existant pas à cette époque, elle ne les gérait pas avec des poupées de pixels, mais avec de vraies poupées d'étoffe. Elle confectionnait elle-même celles-ci, puis... les jetait par sa fenêtre ! En défenestrant ces créatures de chiffon créées à son image, cette femme s'offrait à la mort en même temps qu'elle lui échappait. Et en contemplant de sa fenêtre le corps démembré de ses « victimes », elle se voyait elle-même dans le triste état où la mort l'avait mise, comme dans un rêve. En fait, c'était moins à sa propre mort qu'elle assistait qu'à la mort des parties d'elle-même dont elle souhaitait se débarrasser, à commencer par celle qui avait le désir de mourir. En contemplant sa mort par poupées interposées, elle retrouvait provisoirement le désir de vivre.

Dans les années 1970, la psychanalyste Gisela Pankow demandait à ses patients de fabriquer un personnage en pâte à modeler, puis les invitait à imaginer son histoire… jusqu'à figurer un accident qui pourrait lui arriver. Il s'agissait pour cette psychanalyste d'inviter ses patients à mettre des mots sur les noirs désirs qui les habitaient. C'est aussi ce que nous invitent à faire nos avatars. Ce qui apparaît à l'observateur comme un simple jeu est parfois très sérieux !

L'avatar est une image différente de toutes les autres

L'avatar n'est pas seulement un objet, il est aussi une image. Et pas n'importe laquelle. Avec lui, la fonction traditionnelle des images en Occident est sérieusement mise à mal. Pour le comprendre, rappelons d'abord le modèle sur lequel est construite notre culture. Alors que les sociétés dites « primitives » considèrent que les images contiennent en réalité ce qu'elles représentent – à savoir leurs dieux –, la culture occidentale s'est construite autour de l'idée que l'image ne fait que représenter une personne ou un objet en son absence [1]. Autrement dit, ce que l'image représente n'y est jamais réellement présent.

Tel était tout au moins le paysage des images jusqu'à l'arrivée de l'avatar. Car, avec lui, nous entrons dans une ère nouvelle. L'avatar ne représente pas un autre usager en son absence, mais un usager réellement présent avec lequel il est possible d'interagir. En fait, c'est son principe… mais la réalité est sensiblement différente : derrière son avatar, l'usager peut être présent, mais tout aussi bien absent. En plus, il n'est pas toujours facile de savoir si nous avons affaire à l'une de ces situations ou à l'autre, certains logiciels permettant de faire réaliser à son avatar des actions répétitives et automatiques. Et même lorsqu'un avatar est manifestement « habité », comment savoir s'il l'est par son propriétaire habituel ou par un membre de sa famille qui le lui a emprunté pour une heure, un jour et parfois plus ? Et nous ne sommes pas au bout de nos peines car, même si le possesseur d'un avatar est bien présent derrière lui, il peut le laisser accomplir quelques actions simples tout en menant une conversation secrète, dans le jeu, avec un autre usager. Il est alors « physiquement » présent tout en n'étant pas « vraiment » disponible, et il n'y a aucun moyen de le savoir ! Bref, dans le virtuel, nous ne savons jamais si nos

1. Cette question est si cruciale qu'elle a même constitué le fondement de ce qu'on a appelé, au IXe siècle, la « querelle des iconoclastes ». Voir Mondzain M.-J., *Image, icône, économie, Les sources byzantines de l'imaginaire contemporain*, Le Seuil, 1996, et Tisseron S., *Psychanalyse de l'image, Des premiers traits au virtuel.*

interlocuteurs nous écoutent réellement – sans parler de savoir avec qui ils se trouvent et ce qu'ils sont en train de faire. Du coup, les stratégies qui en résultent sont parfois inattendues.

Sur MSN, par exemple, le pictogramme qui représente les internautes peut avoir deux couleurs, rouge ou vert. À première vue, le vert indique que l'interlocuteur est « en ligne » et le rouge qu'il est « hors ligne ». Mais méfions-nous des apparences. Le pictogramme rouge peut signifier que son possesseur est absent ou en train d'observer qui l'appelle… Car « hors ligne » ne signifie pas que l'ordinateur soit éteint. Celui qui est « hors ligne » peut observer les autres sans qu'ils le sachent. Le pictogramme vert, quant à lui, a des significations encore plus complexes : il peut signifier qu'on est en train de communiquer, mais aussi s'accompagner du mot « absent ». Or ce mot ne veut pas dire qu'on est absent, mais que l'on est probablement présent, sans être toutefois disponible pour répondre à un message ! Comme le disent les jeunes adeptes de MSN, « c'est important de marquer qu'on est "absent" pour bien montrer qu'on est là ». Enfin, certaines précisions peuvent indiquer que l'interlocuteur que nous cherchons à joindre est réellement absent – quoiqu'on n'en soit jamais absolument certain –, comme lorsque le pictogramme vert est accompagné des mots « parti manger » ou « de retour dans une minute ». Autrement dit, c'est le fait de désigner qu'on sera présent bientôt qui est le signe d'une absence réelle…

Arrivé là, je pense que le lecteur qui n'est pas familier de MSN doit avoir mal à la tête… Je lui propose donc de s'aider d'une comparaison. Imaginez que vous fêtiez un événement important, par exemple vos trente ans de mariage, et que vous y conviiez quelques amis chers. Celui qui ne vous répond pas ne viendra peut-être pas, mais il peut tout aussi bien surgir au moment de la fête. Celui qui vous répond qu'il sera absent vous signifie par là qu'il aurait probablement voulu être avec vous et qu'il sera « présent » en pensée au moment de l'événement. Quant à celui qui se trouve à l'heure dite sur le lieu de la cérémonie, cela ne veut pas dire pour autant qu'il y sera bien « présent » : il peut manifestement être occupé à d'autres choses… par exemple à passer des communications avec son mobile ! Si un invité ne vient pas, on pense qu'il a été empêché, mais s'il vient s'asseoir au premier rang pour montrer ostensiblement qu'il est « ailleurs », c'est autre chose. Ce n'est pas une insuffisance, mais une profession de foi. Il affiche une présence « absente ».

Tel est l'avatar envisagé comme une image. Il peut signifier absence totale ou présence réelle, mais en tout cas jamais une forme de présence de l'absent !

11

Quand l'avatar explore le temps

Pour me fabriquer un avatar original sur *Second Life*, je suis allé dans les magasins où chacun peut s'acheter une peau, des cheveux, une démarche et des vêtements. Après beaucoup d'efforts, j'ai découvert que mon avatar ressemblait à tous les autres… L'expérience aurait été la même dans les mondes des *Sims* ou de *Warcraft*. Là aussi, les avatars semblent être tous identiques. Pourtant, cette apparence est trompeuse. La part de créativité que chacun met dans son avatar existe bien, mais elle n'est pas visible. Elle se trouve dans les innombrables histoires que l'on se raconte autour de son personnage et dans les aventures uniques où on l'engage. Autrement dit, la singularité des avatars est moins affaire d'aspect que de narrativité. Les rôles dévolus à un avatar sont en effet pratiquement infinis. Il peut incarner un fragment de soi, bien sûr, mais aussi un personnage qu'on a connu, admiré ou redouté, voire quelqu'un qu'on a imaginé à partir des récits qui l'entourent. « Celui qui peint un portrait se peint lui-même », déclarait Laurent le Magnifique au cœur de la Renaissance italienne. Celui qui crée son avatar fait plus : il peut peindre aussi un inconnu dont ses proches lui ont parlé, de telle sorte que les parts de réalité et de fantaisie entrant dans sa composition sont indécidables.

Dans la Rome antique, le mot *imago* – qui a donné en français « image » – désignait le masque mortuaire du défunt promené le jour de ses funérailles. Sur Internet, certains promènent de la même manière l'effigie d'un disparu, ou l'incarnation d'une légende familiale...

Le petit théâtre des vivants et des morts

Commençons par la situation la plus simple, celle où le choix d'un avatar relève de la volonté d'afficher une singularité qu'on revendique. Valérie Morignat, qui s'est choisi comme avatar sur *Second Life* une femme noire, déclare par exemple : « Le fait que je sois (sur *SL*) une femme noire n'est pas du tout un hasard. Je suis originaire de Nouvelle-Calédonie. Ma grand-mère était canaque, j'ai un métissage qui est invisible. Quand je rencontre les gens, c'est la chose que j'ai envie qu'ils sachent [1]. » Ici, le choix de l'avatar relève clairement du désir conscient de rendre visible, dans le virtuel, une réalité invisible dans le réel. Mais souvent, les choses ne sont pas aussi évidentes ! D'ailleurs, Valérie Morignat eut un jour la surprise qu'un proche qui la connaissait bien ajoute une seconde interprétation à celle qu'elle avait donnée de son avatar : cette femme noire

1. Morignat V., *Le Sujet désenchanté : suprématie et singularité dans les mondes virtuels*, conférence du 3 mai 2007, à la Maison Suger.

qui la représente sur *SL* a les cheveux bleus, et elle appelait sa grand-mère canaque « Mamy Blue » ! Comme quoi la façon dont nous personnalisons ces marionnettes chargées de nous représenter en révèle beaucoup plus sur nous que nous ne le croyons…

Mais si l'apparence de notre avatar est une porte ouverte sur notre monde intérieur caché, le parcours que nous lui imposons et les scénarios que nous imaginons pour lui en sont une autre.

Parfois, cette signification cachée se dévoile au cours d'une psychothérapie. Par exemple, Mickaël Stora raconte [1] comment un jeune patient put transformer la relation qu'il avait avec sa mère grâce à un jeu vidéo [2]. Ce garçon vivait seul avec une mère envahissante, toxicomane et habitée par des idées suicidaires. Dans le jeu, il incarnait un adolescent qui doit sauver une princesse retenue prisonnière par une reine maléfique. Très vite, il apparut que ce garçon projetait à son insu les représentations inquiétantes qu'il avait de sa propre mère sur la reine du jeu. D'abord, ces projections rendirent sa progression difficile : il était comme paralysé lorsque la reine invoquait les puissances des ténèbres contre son personnage. Mais au fur et à mesure de ses essais, il acquit une capacité de réaction plus grande non seulement vis-à-vis de la reine maléfique, mais aussi de sa propre mère. L'autonomie qui avait été gagnée dans le jeu contre une figure autoritaire menaçante devenait utilisable dans ses

1. Stora M., « Guérir avec le virtuel », in Tisseron S., Missonnier S., Stora M., *L'Enfant au risque du virtuel*, Dunod, 2006.

2. Il s'agit d'*Ico*, sur Playstation.

relations réelles. L'observation prit fin lorsque le garçon, soumis une nouvelle fois à une plainte intrusive de sa mère au cours d'une activité, lui demanda de ne pas le déranger et lui proposa d'en parler plus tard !

Une autre patiente de Mickaël Stora met en scène, cette fois dans *Les Sims*, ses difficultés à se séparer de sa mère. Elle choisit d'y incarner une jeune fille qui doit tenir tête à une mère envahissante et brouillonne. Au fur et à mesure de ses progrès dans le jeu, elle parvient elle aussi à prendre plus de distance vis-à-vis de sa mère réelle.

Bien sûr, il est probable que le même résultat aurait été obtenu dans les deux cas en utilisant un autre support d'expression, par exemple le dessin ou la pâte à modeler. Mais dans la mesure où les jeux vidéo sont aujourd'hui pratiqués par un nombre considérable de jeunes, pourquoi bouder l'idée de s'appuyer sur eux ?

Parfois, le personnage auquel le joueur donne vie n'est pas une figure parentale dont il ne parvient pas à se détacher, mais à laquelle il reste attaché. J'ai ainsi reçu un jeune homme qui passait ses nuits à piloter un avion de chasse dans la guerre du Pacifique. En fait, ce garçon souffrait d'une relation défaillante à son propre père qui ne s'était jamais occupé de lui… sauf pour l'emmener, une fois par an, au Salon aéronautique du Bourget, assister aux performances des avions militaires. Ce garçon, au cours de ses missions virtuelles nocturnes, retrouvait donc le chemin des seuls bons souvenirs qu'il avait avec son père. Il faisait même un peu plus, car tous les autres pilotes de son escadrille étaient des hommes mariés, ayant une vie familiale, à tel point qu'ils s'étaient mis d'accord pour bénéficier d'un jour de repos hebdomadaire ! Le samedi soir, leurs appareils ne décollaient pas pour des combats virtuels. Ils s'occupaient chacun de leur famille, excepté ce jeune homme qui vivait seul, et s'entraînait en solo en rêvant aux retrouvailles du lendemain. Inutile de préciser que le priver de ces parties aurait été catastrophique pour lui, puisqu'il y retrouvait à la fois le souvenir de son propre père et un contact structurant avec divers pères actuels qui, eux, savaient se rendre disponibles un soir par semaine pour s'occuper de leur progéniture. Là encore, la solution passait par le jeu lui-même. Avant d'imaginer les moyens pour faire en sorte que ce jeune joue moins, il fallait comprendre les raisons de sa passion de plus en plus envahissante et lui permettre de consolider ses repères paternels dans la relation thérapeutique.

Le retour du moi perdu

D'autres fois, les créatures des mondes virtuels n'incarnent pas nos proches, mais nous-mêmes : elles sont alors fabriquées sur mesure pour redonner vie à ce que nous avons été. Jocelyne, par exemple, décide à 60 ans d'incarner la jeune fille qu'elle a été quarante ans plus tôt, ou plutôt qu'elle a rêvé d'être. Car rien n'oblige les personnages qui redonnent vie à notre passé de répéter nos erreurs, Dieu merci ! Après de brillantes études, Jocelyne avait mis sa vie professionnelle entre parenthèses pour suivre son mari. La créature virtuelle qu'elle se crée dans *Second Life* ne fait pas la même bêtise. Elle noue une relation privilégiée avec un avatar masculin, ouvre une boutique de vêtements et multiplie les conquêtes. Inutile de dire qu'un espace qui offre de telles possibilités attire de nombreux adultes : ils y voient l'occasion de faire vivre des aspects d'eux-mêmes restés peu valorisés dans leur vie réelle, ou qui en ont été tenus à l'écart.

Tout comme ceux qui incarnent nos proches, les avatars chargés de nous représenter nous-mêmes ne le font pas toujours de façon claire. C'est ce qui est arrivé à Gwendoline. Cette adolescente adepte de *World of Warcraft* avait élu un petit elfe comme avatar. Le personnage ne lui ressemblait guère sur le plan physique, et elle avait pourtant choisi de lui donner le surnom par lequel sa mère l'appelait quand elle était petite, Gidi.

Cette mère – que je connaissais par ce que m'en avait dit Gwendoline – était plus préoccupée de sa vie personnelle, notamment amoureuse, que de sa fille. Elle avait même délaissé plusieurs fois celle-ci au point que quelques accidents avaient été évités de peu. Or Gwendoline avait une façon bien particulière de jouer. Elle ne se souciait que de protéger le petit elfe Gidi, et ce n'était pas toujours chose facile. Car comme la règle du jeu est de faire progresser les compétences de son avatar, Gidi était sans cesse soumis à de nouvelles épreuves. Au lieu de l'engager à y faire face, Gwendoline le mettait au contraire toujours en fuite. Autrement dit, elle le protégeait contre des rencontres supposées dangereuses, alors qu'il faut au contraire les accepter toutes de façon à développer les capacités de son avatar. Mais quand on connaît l'histoire de Gwendoline, cela n'est guère étonnant. Elle protégeait Gidi comme elle aurait aimé que sa mère la protège elle-même. Sa poupée de pixels était la Gidi qu'elle pensait avoir été, tandis qu'elle s'identifiait elle-même à la mère secourable qu'elle n'avait pas eue et qu'elle avait ardemment désirée.

Freud, dans une formule devenue célèbre, écrivait : « L'hystérique souffre de réminiscences. » Nos poupées de pixels en sont parfois les témoins : elles témoignent, elles aussi, d'un passé qui « ne passe pas ».

Le maître des fantômes

Le film *Il faut sauver le soldat Ryan* a provoqué chez beaucoup de jeunes une prise de conscience brutale. Les images, d'une violence au-delà de tout ce qu'ils avaient pu imaginer, les invitaient à découvrir que leurs grands-pères avaient été des héros. Les films autour de la dernière guerre ont souvent cet effet : la brutalité qui y est mise en scène est initiatique d'une découverte, celle de ce qu'a été la vie quotidienne de quelques-uns de nos aïeux. Cette découverte est bien sûr liée à la qualité du scénario et au jeu des acteurs, mais elle est également inséparable du fait de pouvoir s'immerger dans l'action grâce au grand écran et aux effets Dolby stéréo. C'est en vivant les sensations et les émotions des combats que les nouvelles générations accèdent à la possibilité de s'imaginer à la place de leurs ancêtres, et prennent la mesure des épreuves que ceux-ci ont traversées.

Les jeux vidéo violents qui se déroulent sur fond de Seconde Guerre mondiale – comme *Medal of Honor* ou

Call of Duty – sont utilisés exactement de la même manière. Mais à la différence de ce qui se passe dans un spectacle cinématographique, le joueur ne vit pas seulement l'action en y participant émotionnellement, il y interagit. Et comme il lui faut souvent du temps pour découvrir comment il doit s'y prendre, il apprend, mieux encore qu'au cinéma, à se familiariser avec ces situations. De là vient le succès, qui n'est plus à démontrer, de l'association entre un film et un jeu vidéo qui confronte aux mêmes situations. Le joueur revient sur certaines séquences du film afin de les apprivoiser et de les assimiler à son rythme. Et si le film et le jeu concernent un événement vécu par des ascendants, leur usage familiarise l'enfant avec cette tranche de leur passé.

Or beaucoup d'enfants n'ont pas reçu de la part des adultes qui les entourent les mots pour penser les désastres vécus par leurs ancêtres. Ils vivent avec des angoisses qui ne sont pas les leurs : celles de guerres civiles ou familiales, de maladies gardées secrètes, d'avortements, d'abandons ou de trahisons. Tant que les enfants sont jeunes, cela ne pose en général pas de problème. Ils acceptent sans trop de difficultés tout ce que leur racontent leurs parents, y compris leurs silences et leurs incohérences. En revanche, tout change à l'adolescence. À ce moment, les jeunes formulent leurs doutes et posent volontiers à leurs parents toutes les questions qu'ils avaient jusque-là gardées pour eux. Et quand leurs questions restent sans réponse – ou qu'ils renoncent à les poser par crainte de provoquer la colère ou le désespoir de leurs parents –, il arrive qu'ils mettent en scène dans la réalité des événements familiaux problématiques dont ils n'ont entendu parler que par ouï-dire.

J'ai raconté ailleurs l'histoire d'une femme violée à l'adolescence lors d'une fugue, et à qui son fils réclamait sans cesse l'histoire de la chèvre de M. Seguin [1]. Les choses s'éclairèrent pour cette femme lorsque son fils fugua à son tour et lui dit, à son retour, qu'il s'était toujours demandé quel était le visage du loup ! Non seulement le garçon avait pressenti que sa mère avait vécu un drame, mais il avait compris que l'histoire qui l'intéressait tant était une transposition de celui-ci. Le problème est qu'à défaut de pouvoir satisfaire sa curiosité de la bouche même de sa mère, il avait finalement été tenté de se mettre lui-même dans la situation que celle-ci avait vécue.

Heureusement, la mise en scène du drame secret vécu par un parent ne se fait pas toujours « pour de vrai ». Les enfants explorent parfois ces opacités familiales à travers leurs jeux. J'ai eu ainsi à m'occuper d'un garçon de 8 ans qui mettait sans cesse en scène des exécutions dans ses dessins. Il s'est avéré que c'est en effet ce qui était arrivé à son grand-père maternel à la Libération, mais que sa mère lui cachait [2]...

Aujourd'hui, les nouvelles technologies offrent une possibilité inédite : celle de mettre en scène de telles situations gardées secrètes dans l'univers ludique des jeux vidéo. Dans

1. Cette histoire, rappelons-le, est celle d'une petite chèvre qui fuit un jour le confort de la maison de son maître et meurt, la nuit venue, dévorée par le loup, Tisseron S., *Vérités et mensonges de nos émotions, op. cit.*

2. Tisseron S., *Les Bienfaits des images*, Odile Jacob, 2002.

les deux cas, la logique est la même : il s'agit de rendre visible ce qui ne peut pas se dire afin de s'en donner, malgré tout, des représentations. Parmi les figures ainsi ranimées, il y a parfois celles d'aïeux qu'on n'a pas connus, sauf par la trace qu'ils ont laissée chez nos parents ou grands-parents. Elles correspondent à des drames intimes que nous avons pressentis sans pouvoir en parler, et autour desquels nous nous sommes construit des histoires, belles ou horribles selon les cas [1].

Gaspard, par exemple, joue sans cesse à *World of Warcraft.* Mais à la différence de beaucoup d'autres joueurs, il a donné à son avatar un nom qui n'évoque ni la puissance ni la gloire, mais une simple famille écossaise : Mac Gregor. À ma question sur ce nom, il me répond d'abord qu'il l'a choisi au hasard et que cela n'a pas d'importance. Mais la fois suivante, il m'explique avoir soudain réalisé que ce nom est en réalité très important pour lui : « Mac » signifie « fils de », et son père s'est toujours plaint de ne pas connaître l'identité de son géniteur ! Gaspard avait donc donné ce patronyme à son avatar comme il aurait aimé pouvoir rendre à son père sa filiation en l'appelant « fils de... ». Son choix lui permettait, comme dans un rêve, que son père connaisse enfin ses origines, et d'être lui-même l'acteur de cette révélation.

Hadrien passe lui aussi beaucoup de temps à jouer à *World of Warcraft*, et le personnage qu'il incarne est un mort vivant. Comme les parents sont dans mon bureau

1. C'est ce que j'ai appelé les « fantômes » (*Vérités et mensonges de nos émotions, op. cit.*).

avec lui – il s'agit d'un entretien familial –, je leur demande aussitôt s'ils ont encore leurs propres parents. Je cherche en effet à savoir si un deuil a pu marquer l'histoire de leur fils ou la leur. La mère ne fait aucune difficulté pour confier que son propre père est mort pendant qu'elle était enceinte de Hadrien. Et elle en parle avec tant d'émotion qu'il est clair qu'elle n'a guère fait le deuil de ce père. Hadrien a donc grandi en étant peu ou prou appelé à incarner cet homme qui manquait si fort à sa mère, ou tout au moins à rêver de pouvoir le faire. Le choix d'un avatar de mort vivant s'explique par cette situation particulière.

Loin de moi, bien sûr, l'idée que jouer avec un mort vivant soit toujours le signe de la mise en scène d'un tel drame familial ! Dans le domaine de la psychologie, il faut se méfier des généralisations et chaque cas est unique. Il existe d'ailleurs bien des raisons d'incarner un mort vivant dans *World of Warcraft*, ne serait-ce que l'extraordinaire beauté des paysages où ces créatures évoluent. Mais dans le cas de Hadrien, il s'avéra que ce deuil maternel avait très lourdement pesé sur sa décision. D'autant plus qu'il avait noué une alliance avec un gnome aux allures de nourrisson savant ! Ainsi les mondes virtuels lui permettaient-ils de figurer, sous forme séparée, les deux personnages que sa mère avait confondus, le mort vivant qu'elle portait en elle – son père dont elle ne pouvait pas accepter la mort – et son bébé Hadrien. En faisant apparaître côte à côte l'aïeul et le nouveau-né, l'adolescent Hadrien opérait la distinction dont sa mère n'avait pas été capable. En même temps, en objectivant sous ses yeux le grand-père décédé que sa mère gardait vivant en elle, il s'en désolidarisait.

Ces diverses histoires montrent à quel point les écrans sont devenus l'interface privilégiée entre le monde des morts et nous. La possibilité qu'ils offrent d'incarner les diverses facettes de soi – ce que des auteurs américains appellent nos « identités multiples [1] » – n'est que leur usage le plus spectaculaire. Bien souvent, ils sont utilisés aussi pour donner consistance à des inconnus dont l'écho nous est parvenu à travers des récits – ou des silences – familiaux. C'est alors en leur donnant vie dans le virtuel que celui qui en est hanté peut s'en libérer dans la réalité. Et cette forme de libération a d'autant plus de chances de réussir qu'elle trouve un témoin qui nomme le défunt et en raconte l'histoire. Faire apparaître les morts sur nos écrans n'est qu'une façon de leur faire dire qu'ils désirent être enterrés. Pour cette seconde étape, il faut le travail d'une parole partagée.

La présence indécidable des revenants

Dans ce théâtre de nos sagas familiales, qu'est-ce qui est vrai et qu'est-ce qui ne l'est pas ? Le joueur d'un jeu vidéo peut-il se laisser aller à penser que ses aïeuls ont vécu ce qu'il met en scène, ou doit-il au contraire se prémunir contre cette tentation ? Tôt ou tard, les jeux qui se déroulent à une époque précise devront préciser si les actions représentées sont conformes ou non à la réalité historique qu'on connaît : c'est d'autant plus important que certains

1. Turckle S., *Life on the Screen*, Touchstone Edition, 1997.

jeux font de grands efforts dans ce sens et qu'il serait injuste qu'ils ne soient pas distingués. Mais le problème va bien au-delà. Faut-il croire ou non à ce que nous côtoyons dans les espaces virtuels ?

Notre culture a déjà rencontré ce problème, il y a bien longtemps, sous une forme un peu différente. C'était au Moyen Âge, lorsque beaucoup de personnes prétendirent voir des revenants « avec leurs yeux », de la même façon qu'ils voyaient leurs proches vivants. Le phénomène était si répandu qu'il était difficile de nier qu'il existe. Mais en même temps, cette conviction était totalement inacceptable pour l'Église catholique alors toute-puissante. Pour elle, il n'y a en effet de réincarnation des morts que le jour du jugement dernier : le retour des morts dans le monde des vivants ne peut donc relever que d'une illusion. Pourtant, la croyance dans les revenants était si grande que le christianisme était obligé de composer avec elle[1]. Mais le problème était de taille : comment concilier l'expérience racontée par tant de fidèles – d'avoir vu, « de leurs yeux vu », des revenants – avec le dogme qui voulait que les morts ne puissent pas se réincarner avant le jour du jugement dernier ? L'ingéniosité déployée fut, il faut le dire, à la hauteur du problème posé : les théologiens déclarèrent que les revenants existaient bien, mais qu'ils ne pouvaient pas être vus avec les yeux de chair au même titre que les vivants puisqu'ils n'existaient pas dans un corps réel ; ils

1. C'est la même logique qui a conduit l'Église catholique à conserver les dates des anciennes fêtes païennes et à leur associer la commémoration de grands événements religieux.

étaient donc vus – car, cela, on ne pouvait pas le contester – *avec les yeux de l'âme.*

Bien sûr, l'illusion de voir les revenants avec les yeux de chair était complète, et les théologiens étaient prêts à excuser tous ceux que cette confusion guettait. Mais ils déclarèrent que sans la médiation des yeux de l'âme, les revenants nous seraient tout simplement invisibles. Autrement dit, dans la tradition du Moyen Âge, les revenants n'étaient ni des images du monde du dedans confondues avec la réalité – ce que nous appellerions aujourd'hui des « hallucinations » – ni des images formées dans la conscience à partir de la perception d'un objet simplement visible. Il y fallait la médiation d'une machine dont le Moyen Âge a fait grand cas : l'âme.

Aujourd'hui, face à nos écrans, nous sommes tout enclins à croire à la réalité de ce que nous voyons. Mais, comme au Moyen Âge, c'est seulement si nous oublions le dispositif intermédiaire qui donne aux avatars une apparence de présence : la réalité numérique. Les yeux de l'âme, indispensables au Moyen Âge pour voir les revenants, ont été remplacés par les technologies informatiques. C'est avec nos yeux de chair que nous regardons et que nous voyons. Mais sans les technologies qui sont mises en jeu dans nos machines, nous ne verrions rien du tout. Les créatures virtuelles, comme les revenants du Moyen Âge, ne font que donner l'impression d'être parmi nous. Mais cette impression est si forte que l'illusion finit par produire des effets dans la réalité. Les avatars de nos modernes espaces virtuels sont l'équivalent des revenants d'hier. Et si le support qui nous permet de « voir » nos ancêtres – ou tout au moins des figures qui leur ressemblent – est appelé à évoluer sans cesse, le désir qui s'y trouve mis en œuvre, lui, ne change pas.

Dans un Moyen Âge décimé par les guerres, les famines et les épidémies, tous ceux qui ne parvenaient pas à accepter le décès d'un proche – que ce soit par affection ou culpabilité – se consolaient en « voyant » le défunt revenir et leur parler. Aujourd'hui, nous ne croyons plus guère que les disparus sortent des cimetières dans leur habit du dimanche, mais nous ne sommes pas choqués de les rencontrer dans ces territoires de nulle part que sont les espaces virtuels. Et la comparaison avec les revenants du Moyen Âge ne s'arrête pas là. Dans les deux cas, nous désirons les voir, mais dans les deux cas aussi, cette vision nous *trouble* autant qu'elle nous satisfait. J'imagine que c'est parce que, dans les deux cas, nous ne savons pas très bien quelle part nous prenons à cette présence. Les voyons-nous parce qu'ils sont « devant nous » – tout au moins leur effigie – ou parce qu'ils sont « en nous » ? Cette grand-mère si chère qui me manque tant, cet aïeul qui semblait occuper si souvent les pensées de l'un de mes parents sont-ils soudain devant moi parce que mon ordinateur aurait le pouvoir de les convoquer, ou bien est-ce une illusion de mon désir ? La réponse rationnelle est évidemment la seconde, mais les mondes virtuels ont-ils été inventés pour engendrer du rationnel ?

12

À la rencontre de la mère perdue

Nous tenons déjà deux bonnes raisons du succès des espaces virtuels. D'abord, par avatars interposés, chacun peut y mettre en scène ses difficultés relationnelles, présentes ou passées, avec une mère possessive ou rejetante, un père jugé trop autoritaire ou permissif, un frère envahissant, une sœur chérie ou honnie… Le petit théâtre familial de chacun s'y trouve ressuscité à volonté, avec la possibilité d'y jouer un autre rôle que le sien, d'inverser les générations, de se mettre en scène sous un autre sexe…

Mais nous avons vu que derrière ce premier niveau s'en profile souvent un second : la mise en scène de ce que nous avons été nous-mêmes par le passé, des disparus que nous avons connus et de ceux dont nous nous sommes formé l'image en écoutant nos proches. Ce n'est plus le petit théâtre des vivants, mais celui des revenants et des fantômes que nous convoquons à volonté pour les voir accomplir sous nos yeux ce qu'ils ont fait un jour, ou que nous désirons leur voir faire…

Mais il existe encore une troisième raison à l'attrait qu'exercent sur nous les mondes virtuels : avec eux, nos ordinateurs deviennent des interlocuteurs à part entière. L'attachement, satisfaisant ou excessif, qui nous lie à eux n'est plus de l'ordre des mises en scène qui peuplent nos écrans, mais des relations que nous établissons avec la machine elle-même. Autrement dit, notre attachement – voire notre dépendance – n'est pas tributaire des *contenus* des espaces qu'on peut explorer, mais du *contenant*, c'est-à-dire des diverses formes d'interaction qu'un ordinateur permet. Et, de la même manière que notre intérêt pour les contenus des mondes virtuels peut prendre bien des chemins, la façon dont nous gérons ces interactions adopte aussi plusieurs formes. Mais pour comprendre ces différents usages, il nous faut d'abord nous débarrasser d'une idée fausse : les espaces virtuels ne sont pas des fictions.

Les espaces virtuels ne sont pas des fictions

Le spectateur d'un film et le lecteur d'un roman vivent des émotions intenses, souvent plus que celles de leur « vraie vie ». Cette intensité est liée au fait qu'ils s'imaginent volontiers acteurs de l'action à laquelle ils assistent. C'est parfois en rapport avec des situations qu'ils vivent vraiment – comme une difficulté conjugale, un deuil, une histoire d'amour – et d'autres fois sans aucun rapport avec leur quotidien. C'est pourquoi nous pouvons utiliser les fictions de deux façons bien différentes : soit pour oublier nos problèmes intimes – c'est leur aspect de divertissement –, soit au contraire pour découvrir d'autres manières de les gérer – c'est leur fonction initiatique. Mais dans tous les cas, c'est le spectateur des fictions qui décide du mode d'emploi : il nous est toujours possible de refuser d'être renvoyés à nous-mêmes par un spectacle conçu dans ce but ou, à l'inverse, de nous mettre à réfléchir sur nous-mêmes à partir d'une fiction qui n'a pas d'autre objectif que le divertissement [1]. Le statut fondamental de la fiction, ce n'est pas ce qu'elle contient, c'est l'usage que chacun choisit d'en faire.

Cette utilisation des fictions ne va pas de soi. D'ailleurs, le très jeune enfant n'en est pas capable. En effet, pour être libre de choisir le statut à accorder à une fiction, il faut pouvoir faire alterner deux attitudes d'esprit opposées et complémentaires. La première consiste à y entrer et à y croire « comme si c'était vrai », la seconde à se placer devant elle dans une posture critique. C'est dans cet aller et retour que se situe notre liberté.

Pour rendre compte de ces deux mouvements, les phénoménologues ont proposé la métaphore du paysage et de la géographie [2]. Nous sommes « dans » le paysage, pétri des sensations olfactives, thermiques, sonores et lumineuses qui le constituent. Mais nous sommes « devant » la géographie, dans une posture neutre qui tente de mettre la plus grande distance possible entre l'espace et nous. L'option « paysage » fait le choix de l'immersion, tandis que l'option « géographie » fait le choix de la distance et de l'objectivité [3].

---

1. Comme je le montre pour mon propre compte dans *Comment Hitchcock m'a guéri*, Albin Michel, 2003.

2. Straus E., *Du sens des sens*, Million, 1989.

3. Pour Straus, ces deux attitudes seraient totalement dissociées et condamnées à coexister. Pour lui, l'art – exception faite de la musique et de la danse – serait incapable de ranimer le socle vital des sensations.

Ce va-et-vient nous permet de traiter les fictions comme des espaces dans lesquels nous entrons pour en suivre le déroulement, ou dont nous sortons pour les transformer selon nos désirs. Par exemple, je peux m'identifier au héros et trembler lorsqu'il est menacé, puis participer à sa joie de gagner – ah, Errol Flynn dans *Robin des Bois* ! Mais je peux aussi me placer dans une posture critique, trouver que les combats ne sont pas très convaincants, imaginer aux héros d'autres mots que ceux qu'ils prononcent, et même inventer un dénouement différent à toute l'histoire. Ce pouvoir du spectateur d'entrer dans les fictions et d'en sortir à volonté est la clé du bonheur que nous prenons à en regarder [1]. Mais si ce modèle rend compte de nos rapports aux fictions, il est totalement inadapté aux espaces virtuels. Nous n'entrons pas en effet dans ceux-ci avec nos yeux, mais avec nos mains, par clavier, console ou joystick interposés. Et cela change tout !

Des espaces potentiels où entrer avec les mains

Les fictions nous rendent un grand service en nous permettant de vivre des situations que nous ne pourrions pas vivre dans la réalité, mais cela ne nous suffit pas. Nous

---

Au contraire, d'autres phénoménologues, comme Merleau-Ponty, pensent que la peinture a le pouvoir de faire remonter son spectateur à la source des sensations (Merleau-Ponty M., *L'Œil et l'Esprit*, Gallimard, 1985).

1. Voir à ce sujet mon ouvrage *Le Bonheur dans l'image*, Les Empêcheurs de penser en rond, 1996 ; rééd. Le Seuil, 2003.

avons envie aussi de vivre ces situations « pour de vrai », mais de telle façon que cela ne nous engage pourtant à rien. Ce désir, qui existe à tout âge, est incontestablement plus vif chez les enfants. Ils sont à la recherche de territoires réels où ils pourraient vivre et expérimenter des situations nouvelles sans que cela prête à conséquence [1]. Ils trouvent à satisfaire ce désir dans leurs jeux.

« Jeu de main, jeu de vilain », me disait-on quand j'étais enfant. Et pourtant, quel jeu ne se joue pas avec les mains ? Or, dès que je joue, je n'éprouve pas seulement des émotions vraies en relation avec des situations que je sais être fausses, j'engage aussi tout mon corps dans la réalité de l'action tout en sachant que les enjeux de celle-ci sont imaginaires. C'est ainsi que des enfants délimitent un territoire qui évoque un bateau ou un fortin, et qu'ils y livrent combat avec des épées de plastique ou des fusils de bois. L'espace et les mouvements du corps sont bien réels, mais les enjeux sont imaginaires. Winnicott insistait dès 1945 [2] sur le caractère structurant de ces jeux. Il a ensuite proposé un cadre pour en rendre compte, celui de l'« espace potentiel [3] ».

Cette expression désigne des espaces dans lesquels l'enfant n'a pas à choisir entre ce qui vient de lui et ce qui vient de son environnement. Du coup, il est possible d'y déposer des

---

1. Milton Erickson parle à ce sujet de « moratoire » de l'adolescence, c'est-à-dire d'un temps où des expériences peuvent être faites sans qu'elles prêtent à conséquence. Voir O'Hanlon W.H., Hexum A.L., *Thérapies hors du commun, L'œuvre clinique complète du docteur Milton H. Erickson*, Satas, 1998.

2. Winnicott D.W., *Les Enfants et la guerre* (1984), Payot, 2004.

3. Winnicott D.W., *Jeu et réalité, op. cit.*

émotions et des représentations angoissantes ou inacceptables, mais aussi d'y construire de toutes pièces les objets qu'on aimerait avoir sous les yeux. Ces espaces ont ainsi une valeur thérapeutique double : ils soulagent le psychisme de ce qui l'accable et permettent d'y introduire ce qu'il désire. Mais ces deux opérations ont besoin pour réussir d'un support concret. Dans l'espace potentiel, l'enfant n'est jamais seul même si, provisoirement, il n'a pas de camarades avec qui jouer. Les objets inertes avec lesquels il interagit sont pour lui des partenaires à part entière. Ils accueillent ses propositions et s'y adaptent tout en imposant leurs propres contraintes techniques : le tissu, le métal, le bois et le papier ne se laissent pas traiter de la même façon.

Pendant longtemps, la plupart des adultes n'ont pas eu d'équivalent de ces territoires. Ils pouvaient lire un roman ou aller au cinéma, mais ne possédaient pas d'espaces semblables à ceux que les enfants explorent dans les jardins publics et qui servent de support à la mise en scène de leurs rêveries. Il fallait travailler, élever les enfants… Seuls les artistes parvenaient à se fabriquer l'équivalent d'un espace potentiel dans leurs créations. Les autres devaient se contenter des fictions, même si quelques-uns tentaient de transformer le comptoir de leur bistrot habituel en théâtre de leurs exploits imaginaires…

Le développement de ce qu'on a appelé la « société des loisirs », à partir des années 1950, a permis à un plus grand nombre de gens d'avoir accès à de tels espaces. Non pas que le nombre de créateurs ait augmenté, mais cette évolution a dégagé du temps pour des activités librement choisies et soumises au seul plaisir, comme le jardinage ou le bricolage.

Avec la société des écrans, un nouveau pas est en train d'être franchi : chacun peut se créer un espace potentiel qui corresponde à l'ensemble de ses attentes. Et, comme dans nos jeux d'enfant, nous n'y entrons pas seulement avec nos yeux, mais avec nos mains. Avec eux, transformer des objets et des environnements pour le seul plaisir est devenu accessible à tous. Plus besoin d'un atelier et d'outils coûteux ou au maniement difficile. Un clavier et une souris suffisent. Et tout devient possible : cultiver un jardin, construire et aménager des maisons, créer des objets utilitaires ou artistiques, incarner des personnages correspondant aux diverses facettes de soi et même mettre en scène, par avatars interposés – mais avec de vrais partenaires –, ses fantasmes sexuels ! La société du bricolage généralisé, chère à nos parents, est en train d'être remplacée par celle du voyage informatique permanent. C'est que les mondes virtuels sont de merveilleux espaces potentiels.

Pourtant, il ne suffit pas d'allumer son ordinateur pour en faire cet usage. Encore faut-il que nous en ayons la capacité[1]. Or ce n'est pas toujours le cas.

Jeux en miroir

Ceux qui ne parviennent pas à utiliser les mondes virtuels comme des espaces potentiels s'en détournent-ils ? Non et, je dirai même, bien au contraire. Car nos ordinateurs pro-

1. Civin M., *Psychanalyse du Net* (2000), Hachette Littératures, 2002.

posent d'autres formes de relations possibles. L'une d'entre elles a un fort pouvoir captivant, il s'agit des jeux en miroir.

Quand on dit « miroir », on pense aussitôt aux surfaces réfléchissantes qui nous entourent et nous renvoient un reflet de nos mimiques et de nos gestes. Mais en psychologie, ce mot de « miroir » désigne aussi des jeux dans lesquels un bébé et un adulte qui se font face s'amusent à accorder leurs mimiques, leurs attitudes et leurs vocalises. En fait, il ne s'agit pas de jeux en miroir à proprement parler, mais plutôt de formes d'interactions en vis-à-vis. Le parent reproduit face à l'enfant, en les modifiant légèrement, les mouvements, les gestes et les mimiques de celui-ci, et l'enfant fait de même, avec une jubilation qui ne se dément jamais ! Mais si ces jeux semblent à un observateur extérieur relever de la seule imitation, ils vont bien au-delà : à travers les émotions partagées, l'enfant tente en effet de connaître l'état psychique de son interlocuteur [1].

Certains voyageurs des espaces virtuels renouent avec ces moments. Pour s'en convaincre, il suffit d'écouter parler des joueurs de jeux vidéo. Ils sont intarissables sur leur plaisir de voir leurs gestes réels immédiatement suivis de la réalisation de l'action correspondante par leur avatar. Lorsque l'ordinateur propose au joueur d'être à la tête d'une équipe virtuelle, c'est même l'ensemble de celle-ci qui avance au rythme du joueur et qui s'arrête si celui-ci

1. Daniel Stern désigne ces moments sous le nom de « dialogue tonico-postural précoce », Stern D.N., *Le Monde interpersonnel du nourrisson, Une perspective psychanalytique et développementale*, PUF, 1989.

laisse son personnage immobile. Cette coïncidence est encore plus forte lorsque les manettes de commande invitent à accomplir des actes dans la réalité, comme c'est le cas avec la console Wii [1]. Mais, là aussi, il ne s'agit pas seulement d'interaction gestuelle. Comme un bébé face à un adulte dans les jeux dits « en miroir », le joueur cherche à deviner l'état mental de son vis-à-vis, qu'il s'agisse de l'ordinateur ou d'un autre joueur auquel il s'affronte sur Internet.

Si ces jeux de la petite enfance sont un moment spectaculaire qui éclaire les attentes de l'enfant vis-à-vis de ses parents, le rôle de miroir de ceux-ci va bien au-delà. Tout enfant a longtemps besoin d'un miroir de ce qu'il ressent, pense et comprend, et ce sont ses parents qui sont appelés à jouer ce rôle de façon privilégiée. Or, parfois, ils rencontrent de grandes difficultés pour y parvenir…

Je me souviens ainsi d'un garçon de 2 ans et demi. Le matin, quand son père partait au travail, sa maman lui disait : « Papa part au travail. » L'enfant répétait : « Papa travail », et la mère confirmait en souriant et en répétant la phrase complète. Plus tard, cet enfant – que j'appellerai Théo – est allé à la crèche, a rencontré ses grands-parents, a appris des mots nouveaux. Un matin, après avoir vu son père partir au travail, il a proposé à sa mère une nouvelle

1. En revanche, un casque de captation des influx nerveux (développé par la firme Emotiv) risque de s'avérer décevant de ce point de vue. Quant au fantasme du sexe partagé avec l'ordinateur, dans une coïncidence rêvée comme parfaite, il a de beaux jours devant lui : il constitue la version génitalisée de cet accordage !

formulation. « Papa parti. » Confrontées à cette situation, la plupart des mères répondent probablement : « Oui, tu as raison, papa est parti au travail. » La compréhension que Théo avait du départ matinal de son père s'en serait alors trouvée enrichie. Ainsi avance l'enfant, à coups de répétitions de ce qu'il entend et de confirmations de son entourage, de telle sorte que sa construction psychique et son intégration sociale avancent ensemble.

Malheureusement, dans le cas de Théo, sa mère réagit bien différemment. Au lieu de se réjouir de l'esprit d'à-propos de son fils, elle s'attriste et, bouleversée, lui dit : « Non, papa n'est pas parti ! Il n'est pas parti ! »... puis elle se met à pleurer. Cette réaction apparemment incompréhensible s'explique en fait très bien. Cette jeune femme avait été elle-même une petite fille abandonnée par son père dans des conditions particulièrement dramatiques. À l'âge de 4 ans, en se levant un matin, elle n'avait plus vu son père, et sa mère en pleurs lui avait dit ces simples mots : « Papa est parti. » Elle avait grandi avec cette blessure, sans autres explications de la part de sa mère, n'osant pas poser de questions, et ne revoyant son père que bien longtemps après, alors qu'elle était devenue adulte.

Cet événement pénible avait bien été vécu par la mère de Théo – ô combien si on en croit la charge émotionnelle qui en accompagne le souvenir trente ans plus tard ! –, mais il avait été retranché de son histoire. À défaut d'avoir pu s'appuyer sur sa propre mère pour l'intégrer à son histoire, elle l'avait comme enfoui au fond d'elle-même. C'est pourquoi, lorsqu'elle entend la voix enfantine de Théo dire . « Papa parti », elle entend sa propre voix d'enfant restée alors sans écho. Ainsi en est-il du traumatisme qui n'a trouvé aucun répondant parmi les proches, et qui ressurgit comme un obstacle à la communication à la génération suivante.

Revenons à Théo. Cette histoire, dont il se souvenait bien, ne représentait probablement qu'une petite partie des situations dans lesquelles sa mère, immergée dans ses propres problèmes, avait failli à son rôle de miroir de ses éprouvés. Nombreuses étaient sans doute les situations dans lesquelles ce qu'il manifestait n'avait reçu aucun écho, ou alors un écho qui ne reflétait que les angoisses d'enfance de sa mère, sans aucun rapport avec ce qu'il vivait.

Parfois, dans la même situation, le parent – il peut évidemment s'agir du père comme de la mère – répond à cet envahissement émotionnel par une froideur subite et tout aussi inexplicable. C'est que celui qui a vécu un drame grave peut s'en être protégé en mettant de côté toutes ses émotions. Du même coup, ce qui lui rappelle ce drame ne provoque pas le retour des émotions, mais la froideur qu'il a appris à leur substituer.

Dans tous les cas, l'enfant confronté à de telles situations grandit avec le désir de trouver un jour le miroir attendu. Un ami, un conjoint, voire un thérapeute, pourront jouer ce rôle. Mais les pouvoirs interactifs de l'ordinateur sont tels que certains lui demandent de le remplir. Et c'est ainsi que les jeux vidéo, pour certains, deviennent l'occasion de trouver un miroir fiable de ce qu'ils pensent, imaginent et éprouvent. Toute tentative de comprendre en termes de contenus l'intérêt qu'ils portent à leurs jeux passerait à côté de l'essentiel : la recherche d'un miroir enfin fiable de leurs émotions et de leurs actions.

La dyade numérique

Nous n'en avons pas encore fini avec les résonances que l'usage de nos ordinateurs mobilise dans les couches profondes de notre psychisme. De l'espace potentiel aux jeux en miroir, nous sommes passés de références qui renvoient à l'enfance à d'autres qui concernent les toutes premières années de l'existence. Notre voyage dans le temps se rapproche maintenant de l'aube de la vie. Et, avec elle, nous rencontrons le troisième et dernier modèle susceptible d'être réveillé par nos ordinateurs : celui de la « dyade primitive », qui n'est autre que la forme d'union particulière qui unit un nouveau-né à sa mère.

Cette période de la vie est caractérisée par le fait que la mère et l'enfant sont physiquement séparés, mais qu'ils sont psychiquement unis[1], tout au moins lorsque aucun trouble psychique, comme par exemple une dépression grave, ne vient distraire la mère de cette attitude. Dans cette situation, tout ce qui est ressenti par l'un l'est aussi par l'autre. Ce que la mère perçoit – notamment sur le plan émotionnel – est aussi perçu par son bébé, et l'inverse est également vrai : les ressentis du bébé – émotionnels, mais aussi sensoriels, comme le chaud ou le froid – le sont

1. Didier Anzieu, pour désigner cette situation, a utilisé la métaphore de la « peau commune au nouveau-né et à sa mère ». Il ne s'agit pas, bien sûr, d'une peau physique, mais d'une sorte de peau psychique qui les contiendrait ensemble (*Le Moi-peau*, Dunod, 1985).

aussi par sa mère. Cette proximité est assurée par le corps à corps, mais aussi par le regard : le bébé tète sa mère avec ses yeux autant qu'avec sa bouche, il fixe son regard dans le sien et guette l'intérêt qu'elle lui porte.

Le rôle de la mère, à ce moment-là, est d'apaiser les excitations excessives du bébé en étant capable de leur donner du sens. Il a froid et elle le couvre, il a faim et elle le nourrit, il a le désir d'interagir et elle lui parle et le regarde. Mais la mère, à ce moment-là, n'est pas seulement celle qui apaise les excitations. Elle est aussi celle qui en provoque…

Au moment des soins corporels, elle produit en effet tout naturellement une excitation des zones érogènes du bébé, et éveille les premières sensations de plaisir. L'enfant perçoit alors des excitations intenses qui lui semblent provenir du dedans de son corps alors que c'est le contact sensoriel avec la mère qui les produit[1]. Mais en même temps, la mère donne à cette excitation un sens par ses mots, ses intonations et ses gestes.

Il existe des formes de dépendance à l'ordinateur qui sont comme une sorte de *remake* de cette situation originaire. Le joueur cherche moins à construire des *significations* qu'à maintenir au plus haut niveau un *potentiel d'excitation* qu'il perçoit comme venant du plus profond de lui alors que c'est l'ordinateur qui le provoque. Il est comme un nouveau-né suspendu au regard de sa mère, redoutant d'être submergé par des sensations incompréhensibles. Et, lorsque cela lui arrive, il agite le joystick, frappe sur des

1. Nous sommes ici dans le territoire de ce que les psychanalystes appellent la « séduction maternelle primaire ».

touches, et un mystérieux génie bouleverse le paysage sonore et visuel de façon à le rendre apaisant. Bref, le joueur attend de sa machine qu'elle l'excite et l'apaise à la fois, comme si elle était capable d'une disponibilité totale à lui. C'est pourquoi il garde la main agrippée au joystick et le regard rivé à l'écran, comme si sa vie entière en dépendait.

Ceux qui sont dans un tel état d'esprit éprouvent souvent un sentiment de catastrophe intense lorsqu'ils ne parviennent pas à se connecter à leur monde virtuel privilégié. La barre de téléchargement qui se bloque leur évoque un œil qui ne s'ouvre pas complètement ou un visage qui refuse résolument de les regarder. Le contact ne s'établit pas, la mère ordinateur reste obstinément absente à leurs avances, ils sont condamnés à la solitude. Mais aussitôt que la barre de téléchargement se déroule jusqu'au bout et que l'écran s'allume, je me trouve face à un œil grand ouvert qui me reconnaît et contient la promesse de m'aider à surmonter les excitations extrêmes qui vont bientôt m'envahir.

Le risque de l'addiction

Nous voyons mieux maintenant la difficulté qu'il y a à parler d'addiction face à une fréquentation excessive des espaces virtuels. Les trois situations que nous avons successivement évoquées ont en effet des significations et des conséquences bien différentes.

La première de ces postures – celle dans laquelle l'usager utilise les mondes virtuels pour se construire un espace potentiel – concerne des personnalités structurées. À travers la mise en scène de leur monde intérieur, elles parviennent d'ailleurs parfois à se guérir de difficultés passagères. C'est ainsi que la crise de l'adolescence peut être surmontée grâce aux jeux vidéo : la possibilité d'y réaliser un théâtre de son monde intérieur et familial constitue pour beaucoup un puissant levier autothérapeutique. Une telle attitude n'a rien de comparable avec l'addiction à une substance toxique où toute recherche de sens est exclue. Ainsi s'explique que la plupart des adolescents sont des joueurs excessifs pendant quelques mois ou quelques années, avant de se séparer totalement de cette activité. Ce serait les stigmatiser bien inutilement, et leur faire le plus grand mal, que de les qualifier d'« addicts » !

La deuxième de ces postures est plus proche de ce qu'on appelle traditionnellement « addiction ». La souffrance narcissique y est centrale. Pourtant, là aussi, il s'agit de la tentative de créer, avec les moyens disponibles, quelque chose qui a manqué. En outre, la quête de sens y est importante, même si elle ne joue pas le rôle majeur qu'elle prend lorsque l'usager est capable de mettre les mondes virtuels au service de la création d'un espace potentiel personnel. La preuve en est que le joueur qui tente de faire de son écran un miroir de ses éprouvés cherche à deviner les intentions de son vis-à-vis, qu'il s'agisse de l'ordinateur envisagé comme un partenaire ou d'un autre joueur en réseau.

Enfin, la troisième de ces postures – la quête de l'excitation – est très proche des conduites addictives traditionnelles usant de substances toxiques. Le joueur n'est pas engagé dans une mise en scène de son monde intérieur, comme c'est le cas lorsqu'il transforme les mondes virtuels en autant d'espaces potentiels. Il ne cherche pas non plus un écho narcissique, comme lorsqu'il se rend sensible à la merveilleuse interactivité des ordinateurs. Il est totalement dépendant d'une source d'excitation qui lui est extérieure, mais qui a le pouvoir de générer en lui des états extrêmes sans équivalent dans sa vie quotidienne. Et il prétend à qui veut l'entendre en rester le maître, dans l'illusion de pouvoir abandonner à sa guise le levier qui lui dispense son plaisir, exactement comme un buveur intoxiqué.

Pourtant, là aussi, le rapprochement avec les addictions aux substances toxiques est artificiel. Cette posture est en effet rarement pure : il s'y mêle souvent des éléments liés aux deux premières, la construction d'un espace potentiel et la recherche d'un miroir [1]. Et c'est d'autant plus important de le savoir que c'est justement là que peut prendre pied un éventuel thérapeute.

D'abord, soyons clairs : les joueurs capables d'utiliser les mondes virtuels comme des espaces potentiels n'ont généralement pas besoin de thérapie. Même s'il leur arrive parfois de jouer beaucoup, ils s'en sortent très bien tout seuls. Ceux qui font de leur écran un miroir d'interactions nécessitent une prise en charge particulière : il faut tenter de se proposer soi-même dans ce rôle, sans hésiter à mettre en jeu ses mimiques et son corps en réponse aux mimiques et au corps du patient ! C'est le meilleur moyen de l'inviter

1. Pour un approfondissement de ces trois façons de jouer – auxquelles s'ajoute la recherche de contacts réels dans les jeux en réseau –, on peut consulter Tisseron S. (dir.), *L'Enfant au risque du virtuel*, Dunod, 2007.

à créer avec soi l'espace potentiel qu'il n'arrive pas à constituer dans son rapport à son jeu. Enfin, quand on a affaire à un joueur en quête d'excitation, il faut tenter de faire évoluer la relation vers un miroir d'interaction dans le vis-à-vis de la situation thérapeutique, bien que ce soit souvent difficile.

C'est avec ces personnalités qu'il peut alors être utile de proposer le jeu vidéo pendant une partie de la séance. Parfois, il est en effet impossible d'établir une situation propice à la thérapie avec de tels joueurs si on n'utilise pas ce moyen. C'est seulement ensuite que le dialogue peut s'établir avec eux, à partir de ce qu'ils ont mis en scène à leur insu, tout occupés qu'ils étaient à susciter et à gérer des excitations. En clinique, l'utilisation d'un tel procédé s'appelle une « médiation thérapeutique ». La clé de son efficacité se trouve dans la forme particulière de transfert qu'elle mobilise : le fragment de partie joué pendant la séance prend peu à peu le statut d'espace potentiel, et cet espace est ensuite, au fil des rencontres et des échanges avec le thérapeute, déplacé vers la relation avec lui. Une vraie rencontre peut alors se nouer, qui permet de travailler dans la relation au thérapeute ce qui était jusque-là cantonné à une relation muette à l'écran.

Enfin, dans certains cas de grande dépendance, la création de groupes thérapeutiques réunissant plusieurs joueurs peut s'avérer un excellent moyen. Chacun trouve en effet plus facilement à constituer un miroir d'interaction avec un autre joueur auquel il peut s'identifier qu'avec un thérapeute !

Disons encore que la tâche des thérapeutes de ces nouveaux malades du virtuel est ardue. Ils ont à comprendre chaque fois la place que joue la relation privilégiée à l'ordinateur comme moyen de tenter de guérir une relation perturbée au monde. Et ils ont aussi à éviter les poncifs de la mère « narcissique » ou « déprimée », qui aurait été incapable de constituer un miroir satisfaisant pour son enfant, le poussant ainsi à son engagement vers les miroirs d'écran. Car il faut cesser de culpabiliser les mères dans ce domaine comme dans d'autres ! Bien des événements interviennent dans cette première relation, dont la mère n'est pas responsable. Les troubles de la petite enfance peuvent provenir de parents peu disponibles, mais aussi d'expériences personnelles tragiques auxquelles les parents ne pouvaient pas grand-chose, comme un deuil, et même d'événements qui leur ont totalement échappé, comme une maltraitance ou une humiliation causées par un tiers, voire de catastrophes vécues par les générations précédentes qui ont porté leur ombre sur le développement de l'enfant. Dans tous les cas, le thérapeute doit réapprendre à ces prisonniers du virtuel le plaisir de l'engagement corporel et celui de la sublimation. Cela ne peut se faire qu'en les encourageant dans la création de leurs propres discours, de leurs propres images, de leurs propres mises en scène, et en y participant soi-même afin de leur rendre le goût de l'échange vivant.

Conclusion

Qui d'entre nous n'a pas désiré un jour bénéficier de tous les avantages d'une vie partagée en conservant ceux de la solitude ? Ce rêve, le Web est en train de le réaliser. Facebook, MySpace ou *Second Life* permettent de se sentir proche et reconnu tout en ne perdant rien de son sentiment d'indépendance. Je peux m'engager ou me dégager d'un simple clic, trouver à volonté de nouveaux interlocuteurs et même ressusciter les disparus pour bénéficier à nouveau de leur compagnie.

Suis-je rassuré pour autant ? Pas vraiment. Les technologies de l'information et de la communication produisent souvent l'effet inverse. Bien sûr, elles permettent de faire comme si la séparation et l'éloignement n'existaient pas mais, d'un autre côté, nous avons de plus en plus de doutes quant à la disponibilité de nos interlocuteurs. Nous écoutent-ils vraiment ? D'où les trois questions qui tournent en boucle dans notre tête à chaque conversation téléphonique, même si nous nous retenons de les poser : « T'es où ? », « Tu fais quoi ? », « T'es seul ? »

Bien entendu, certains font des nouveaux espaces virtuels un usage qui nourrit leurs relations réelles. Par exemple, protégés par la distance physique, des adolescents réapprennent le langage de la séduction, tandis que les membres séparés d'une famille découvrent le bonheur d'échanger à l'abri de l'agressivité qui règne entre eux quand ils se retrouvent dans la vie réelle.

Mais, indiscutablement, cet usage des TIC ne correspond pas au mouvement général qu'elles sont en train d'imprimer à nos relations. Avec les nouveaux sites de rencontres en ligne, la communication à distance cesse d'être vécue comme un préliminaire à une rencontre réelle ou un palliatif, comme c'était encore le cas avec le téléphone et le Minitel. Elle devient une forme de relation et de socialisation à part entière. Pour certains, et pas seulement des adolescents, la communauté virtuelle est d'ores et déjà plus importante que la famille ou les camarades de travail ou d'école. C'est auprès d'elle qu'ils ont l'impression de pouvoir faire reconnaître leur originalité, en se retrouvant autour d'un thème fédérateur, comme une espèce animale rare, la passion pour une recette de cuisine, un modèle d'avion de la dernière guerre ou un écrivain méconnu.

Cette évolution bouleverse évidemment l'identité sociale et les relations. Chacun est invité à savoir trouver, parmi une masse de renseignements, la bonne information et le bon interlocuteur, et à entretenir avec lui la relation qui sert au mieux ses intérêts. En contrepartie, il est vrai, l'anonymat et le désir d'intéresser le plus grand nombre favorisent l'outrance des propos et la rapidité des désengagements. En même temps, le désir d'être remarqué finit par recouvrir celui d'être aimé au point d'orienter la recherche d'une identité : sur Internet, l'importance se mesure au nombre de clics ! Enfin, franchissant un pas de plus, certains décident de mener une vie en tous points semblable à la vraie sans jamais se rencontrer. Quelques-uns se marient même dans le virtuel sans éprouver le besoin de se voir, et encore moins de se toucher. Le corps physique cesse d'être la référence de la rencontre, c'est pourquoi les bouleversements introduits par les TIC concernent le rapport à soi autant qu'à l'autre. L'opposition traditionnelle entre présence et absence laisse la place à un *continuum* dans lequel tous les états intermédiaires sont possibles, depuis la présence virtuelle improbable d'un interlocuteur derrière son avatar jusqu'à l'absence parfaitement compensée par des interactions verbales, émotionnelles et même sensorielles avec des automates numériques.

Avec les fictions, l'homme a exploré la possibilité de vivre des émotions vraies dans des situations qu'il sait être fausses, par exemple lorsqu'il lit un roman ou va au cinéma. Avec le virtuel, il est en train de découvrir celle de vivre aussi de vraies sensations physiques à distance. Bien sûr, il peut nous arriver à tous de ressentir dans notre corps, comme si elles nous étaient directement prodiguées, une caresse ou une agression contre un objet que nous aimons, comme un vêtement ou un bibelot. Mais avec les avatars, il ne s'agit plus seulement d'éprouver des sensations corporelles réelles lorsque des objets réels sont touchés, manipulés ou agressés. Il s'agit d'éprouver ces mêmes sensations par rapport à des objets virtuels. À tel point que se dessine peu à peu un nouveau paysage dans lequel la capacité de se projeter dans un avatar est appelée à jouer un rôle majeur pour départager nos contemporains en deux groupes : « ceux qui croient au virtuel » et « ceux qui n'y croient pas », un peu comme il y a eu, en d'autres temps, « ceux qui croyaient au ciel » et « ceux qui n'y croyaient pas ».

Enfin, plus les corps s'effacent de la communication et plus les émotions et les sensations caractéristiques d'une relation réelle tendent à être vécues avec les machines elles-mêmes. L'ordinateur devient, pour certains de nos contemporains, un partenaire à part entière. De telles unions sont souvent difficiles à rompre car nos machines ne se lassent jamais de nous servir. Ces idylles d'un genre nouveau connaissent même les indispensables scènes de ménage qui mettent les relations les plus stables à l'abri de l'ennui. Il s'agit des « bugs », vécus comme autant de trahisons !

Et finalement, c'est probablement parce que nous vivons nos ordinateurs domestiques avec cette familiarité que nous ne nous inquiétons pas plus de la société de surveillance qui s'installe. La relation intime et privilégiée que chacun noue avec son ordinateur personnel lui fait volontiers oublier les risques graves que l'informatique fait peser sur les libertés...

Après le rapport nouveau à l'absence, à la présence et aux machines, le second bouleversement dont nous avons suivi la trace concerne la relation à la réalité. Avec les nouvelles technologies, tout s'organise peu à peu de façon à pouvoir ignorer ce qu'on n'a pas envie de connaître. Bientôt, le téléphone « affinitaire » ne proposera d'ailleurs plus à chacun que les informations qu'il a l'habitude d'aller chercher. Il n'y aura plus à choisir, la machine le fera pour nous et le monde se réduira peu à peu à ce que nous avons envie d'en connaître : le foot et l'Amérique latine pour l'un, les voitures anciennes et la politique intérieure pour un autre, les concours canins et les foires aux vieux papiers pour un troisième. La place particulière du virtuel dans ce paysage sera de rendre l'usage du déni d'une extrême banalité. Dans les mondes numériques, chacun peut en effet décider du statut de ce qu'il rencontre : présence ou absence des interlocuteurs, véracité des identités, authenticité des propos. En même temps, la perte est niée d'un simple clic, la mort est toujours provisoire et l'anonymat permet d'annuler tous les engagements sans devoir rendre de compte à personne. Bref, c'est constamment l'usager qui décide, et il sera d'autant plus pressé de le faire que cela le rassurera ! Le danger est évidemment qu'il tranche comme cela l'arrange, selon ses désirs ou ses *a-priori*, en choisissant d'ignorer la part de réalité qui ne lui convient pas.

Mais les choses ne s'arrêtent pas là. Car il faut une sacrée force de caractère pour penser qu'une chose n'existe pas quand sa communauté réelle, autour de soi, dit qu'elle existe. C'est pourquoi la société du déni sera forcément une société des communautés virtuelles, pour ne pas dire des sectes. Lorsque André Malraux écrivait, dans les années 1950, que « le XXIe siècle serait religieux », il pensait probablement aux grandes religions. Mais sa prophétie est en train de se réaliser bien au-delà de ce qu'il imaginait. Ce qui se dessine, c'est une myriade de petites religions privées organisées par l'allégeance à un groupe ou à une communauté de pensée que chacun, grâce au Web, peut se tailler à la mesure de ses croyances, même les plus étranges.

Pourtant, redisons-le encore une fois, ce monde qui nous donne l'impression de nous échapper sans cesse ne se construit pas sans nous. Des moyens de le faire évoluer favorablement existent. Nous en avons évoqué deux. L'un est familial : il est important que les parents cessent de considérer les heures que leurs enfants passent sur Internet comme un passe-temps dont il faudrait seulement contrôler la durée afin qu'il n'empiète pas sur les activités scolaires ; elles justifient autre chose qu'une tolérance minutée ! Ce que les jeunes y apprennent est en effet essentiel : le fait de se percevoir comme citoyens du monde plutôt que d'un pays ; la capacité de repérer l'important en quelques secondes, même si c'est au prix de ne pas maîtriser la déduction ; le pouvoir de classer les informations dont on a besoin dans la masse de toutes celles qui sont disponibles ; les stratégies permettant de trouver, où que ce soit, la personne dont on a besoin, et de nouer la bonne relation avec elle ; et enfin, pour ceux qui jouent en réseau, le sens du travail en équipe et de la gestion des ressources. C'est pourquoi il est essentiel que les parents qui s'intéressent à leurs enfants – et il y en a beaucoup ! – apprennent à s'intéresser à la façon dont ceux-ci utilisent les TIC, parce que ces pratiques relèvent moins de leurs « loisirs » que de leur appropriation de la nouvelle culture dont ils auront besoin demain.

L'autre moyen que nous avons évoqué concerne l'urgence de proposer aux enfants des activités qui s'opposent au brouillage permanent, par les écrans, des catégories de la présence et de l'absence et du vrai et du faux. Nous devons prendre acte que les technologies numériques tendent à effacer ces distinctions plus qu'aucune autre et que l'insécurité qui en résulte conduit nombre d'enfants à se fixer tôt dans des attitudes rigides, notamment d'agresseurs ou de victimes. Il est urgent de mettre en place des correctifs, ou bien les bandes et les communautés exploiteront les angoisses qui en résultent à leur profit, au risque de créer une situation de plus en plus explosive. Ces correctifs consistent à développer des dispositifs centrés sur le corps, la parole et l'empathie. La mise en place d'activités de jeu de rôle dès les classes maternelles est l'un d'entre eux. Il existe en effet une corrélation directe entre la capacité de « faire semblant » et celle de surmonter la frustration des situations décevantes. L'enfant et l'adulte qui ne sont pas capables de jouer éprouvent beaucoup plus de difficultés pour gérer les événements pénibles auxquels ils sont confrontés. Ils ne disposent notamment pas de l'humour, cette capacité de plaisanter sur les situations réelles déplaisantes. Du coup, ils sont tentés de gérer ces déceptions et ces frustrations par le déni ou la violence, et souvent par les deux.

Plus les enfants seront invités précocement à imiter « pour de faux » dans un cadre qui soit garant de leur jeu, et moins ils seront menacés par la tentation d'imiter « pour de vrai » les images qu'ils voient, que ce soit comme agresseurs ou victimes. Ceux qui tendent à se fixer dans un profil de soumission y développeront d'autres représentations d'eux-mêmes, tandis que ceux qui se perçoivent en toutes circonstances comme des chefs autodésignés apprendront à y éprouver de l'empathie pour les autres.

Encourager partout les activités de jeu de rôle, et cela dès l'entrée à la maternelle, pourrait bien s'imposer bientôt comme l'antidote à une société du « tout virtuel », une véritable écologie de l'esprit malmené par les mirages des écrans.

Remerciements

Je remercie tous ceux qui m'ont fait la confidence de leurs émois sur Meetic, *World of Warcraft* ou *Second Life*, qu'ils soient patients, amis ou rencontres de passage.

Je remercie également la direction du site de vente aux enchères eBay pour l'étude qu'elle m'a permis de réaliser sur ses usagers réguliers, entre octobre 2006 et février 2007.

Table

DU MÊME AUTEUR

AUX ÉDITIONS ALBIN MICHEL

Comment Hitchcock m'a guéri, 2003

Vérités et mensonges de nos émotions, 2005

AUX ÉDITIONS AUBIER

Tintin chez le psychanalyste, 1985

La Bande dessinée au pied du mot, 1990

Tintin et les secrets de famille, 1992 (1re éd. Séguier, 1990)

Y a-t-il un pilote dans l'image ?, 1998

Comment l'esprit vient aux objets, 1999

Petites mythologies d'aujourd'hui, 2000

AUX ÉDITIONS DUNOD

La Honte, Psychanalyse d'un lien social, 1992

Psychanalyse de l'image, Des premiers traits au virtuel, 1995

Le Psychisme à l'épreuve des générations, 1996 (ouvrage collectif)

CHEZ D'AUTRES ÉDITEURS

Psychanalyse de la bande dessinée, PUF, 1987 (rééd. Flammarion, 2000)

Hergé, Seghers, 1987

L'Érotisme du toucher des étoffes, Séguier, 1978 (en collaboration avec Yolande Papetti)

Clérambault, psychiatre et photographe, Les Empêcheurs de penser en rond, 1990 (en collaboration avec Mounira Khemir)

Tintin et le secret d'Hergé, Presses de la cité, 1993

Le Bonheur dans l'image, Les Empêcheurs de penser en rond, 1996 (rééd. Le Seuil, 2003)

Le Mystère de la chambre claire, Les Belles Lettres (rééd. Flammarion, 1999)

Secrets de famille, mode d'emploi, Ramsay, 1996 (rééd. Marabout, 1997)

Du bon usage de la honte, Ramsay, 1998

Nos secrets de famille, Histoires et mode d'emploi, Ramsay, 1999

Enfants sous influence, Les écrans rendent-ils les jeunes violents ?, Armand Colin, 2000 (rééd. 10/18, 2003)

L'Intimité surexposée, Ramsay, 2001 (prix du Livre de télévision ; rééd. Hachette Littératures, 2002)

Les Bienfaits des images, Odile Jacob, 2002 (prix Stassart de l'Académie des sciences morales et politiques)

Petit manuel à l'usage des parents dont les enfants regardent trop la télévision, Bayard, 2004

La Résilience, PUF, « Que sais-je ? », 2007.

BANDES DESSINÉES ET OUVRAGES ILLUSTRÉS

Histoire de la psychiatrie en bande dessinée, Savelli, 1978

Les Oreilles sales, Les Empêcheurs de penser en rond, 1994

Bulles de divan, Calmann-Lévy/Ramsay, 2001 (rééd. Marabout Poche, 2005)

Journal d'un psychanalyste, Calmann-Lévy/Ramsay, 2003 (rééd. Marabout Poche, 2004)

Tintouin chez le psychanalyste, Calmann-Lévy, 2004

La Télé en famille, oui !, Bayard Jeunesse, 2004

Dessous de divan, Calmann-Lévy, 2005

Le Petit Livre pour bien vivre les secrets en famille, Bayard Jeunesse, 2006.

CHEZ LE MÊME ÉDITEUR

Claude Allard
L'enfant au siècle des images

Gérard Bonnet
Défi à la pudeur. Quand la pornographie devient l'initiation sexuelle des jeunes

Elsa Cayat et Antonio Fischetti
Le désir et la putain. Les enjeux cachés de la sexualité masculine

Patrick Clervoy
Le syndrome de Lazare : traumatisme psychique et destinée

Patrick Delaroche
La peur de guérir

Fernando Geberovich
No satisfaction. Psychanalyse du toxicomane

Alain Gérard
Du bon usage des psychotropes : le médecin, le patient et les médicaments

Roland Gori et Pierre Le Coz
L'empire des coachs. Une nouvelle forme de contrôle social

Jean-Michel Hirt
L'insolence de l'amour. Fictions de la vie sexuelle

Ouvrages collectifs dir. par Patrice Huerre et François Marty
Cannabis et adolescence. Les liaisons dangereuses

Alcool et adolescence. Jeunes en quête d'ivresse

Jean-Marie Jadin
Côté divan, côté fauteuil. Le psychanalyste à l'œuvre

Daniel Marcelli
La surprise, chatouille de l'âme

L'enfant, chef de la famille

Les yeux dans les yeux. L'énigme du regard

Xavier Pommereau
Ado à fleur de peau

Xavier Pommereau
et Jean-Philippe de Tonnac
Le mystère de l'anorexie

Serge Tisseron
Comment Hitchcock m'a guéri.
Que cherchons-nous dans les images ?

Vérités et mensonges de nos émotions

Composition IGS
Impression Bussière, avril 2008
Editions Albin Michel
22, rue Huyghens, 75014 Paris
www.albin-michel.fr
ISBN : 978-2-226-18071-1
N° d'édition : 25647. – N° d'impression : 081116/4.
Dépôt légal : janvier 2008.
Imprimé en France.